오리지널리티

오리지널리티

AI 시대, 경험을 브랜드로 만드는 전략 가이드

ORIGINALITY

브랜드가 되거나, 데이터로 남거나

손동진, 남정현 지음

pazit

차례

추천사 ... 6
프롤로그 AI 시대, 진정한 자아의 확장으로서의 복제 ... 13

1장 전문성의 경계가 허물어지는 AI 시대

전문 직업 영역의 혁신 '법률, 의료, 통번역, 창작의 변화' ... 26
창작의 경계: AI는 창작자인가, 창작 보조자인가? ... 43
전문성의 재정의: 인간과 AI의 공존 시대 ... 47

2장 시대의 권력 이동, 소비자의 힘이 극대화되는 세상

소비자 권력 이동의 배경: 초연결 시대의 도래 ... 53
AI가 소비자 판단력에 날개를 달다 ... 60
신뢰의 중심 이동: 기업 브랜드에서 퍼스널 브랜드로 ... 64

3장 AI 시대, 마케팅의 4P를 다시 쓴다

예측 기반의 선제적 마케팅 Predictive ... 79
맥락을 읽는 기술 (초)개인화 (Hyper)Personalization ... 87
소비자 참여와 공동 창작의 시대 Participation ... 93
브랜드의 목적과 사회적 가치 Purpose ... 106

4장 세대별로 다르게, 나를 브랜드로 만든다는 것

나다운 삶이 브랜드가 되어 가는 과정 … 115
퍼스널 브랜딩의 3대 핵심: 진정성, 전문성, 차별성 … 123
Z부터 베이비붐까지, 세대별 맞춤 전략 … 133

5장 퍼스널 브랜딩의 확장, 나를 대변하는 AI 에이전트

퍼스널 AI 에이전트의 탄생 … 151
퍼스널 복제의 3요소: 철학, 언어, 기억 … 156
퍼스널 AI 에이전트의 다양한 역할과 활용 … 162
멀티페르소나 브랜딩: GPTs로 구현하는 나의 AI 에이전트들 … 174

6장 퍼스널 IP, 콘텐츠에서 글로벌 자산으로

AI로 영원한 오리지널리티를 브랜딩한 사람들 … 187
퍼스널 IP의 본질과 구축 전략 … 193
콘텐츠에서 수익으로, 나를 지키는 전략까지 … 201
국경 없는 글로벌 브랜드 만들기 … 216

에필로그 계속해서 배우고 변화하기를 … 229
실전 가이드 퍼스널 AI 에이전트를 만드는 6가지 도구와 방법 … 233

추천사

| 경영 & 마케팅 부문 |

서용구 숙명여대 마케팅 교수, 한국상품학회 회장

최근 AI 혁명이 가속화되면서 우리 인생의 모든 가정들이 무너져 내리고 있습니다. 올 초부터 교수나 연구자 그리고 변호사와 같은 전문직 종사자들도 챗GPT의 '딥리서치Deep Research'를 구독하면서 자신의 존재감과 전문성이 허물어지는 것을 실감하고 있습니다.

마케팅과 광고, 홍보 업계도 기존의 서비스는 더 이상 지속되기 불가능하다는 사실을 인정하고 있기에, 필자들은 AI 시대 새로운 4P 마케팅 믹스를 제안하고 있습니다. 예측, 개인화, 참여, 목적이라는 4가지 새로운 아젠다agenda를 중심으로 AI 시대에 맞춘 생존과 성장을 도모해야 하며 이제 모든 개인은 브랜드가 되어야만 합니다. 자신의 진정성과 차별성을 가지고 AI 시대 새로운 생존을 추구해야 할 시점입니다. 이 책은 새로운 시대, 새로운 성장 공식을 찾는 시작점을 제공해 줄 수 있다고 확신합니다.

| 투자 & 법조 부문 |

류재언 변호사, 벤처캐피탈 '그래비티벤처스' 공동창업자

강렬합니다. 그리고 선명합니다. AI가 만든 디지털 문명의 전환점에 서 있는 우리는 지치지 않고 학습하고 복제하는 AI의 파상공세에 존재론적 딜레마를 느끼고 있습니다. 주어진 선택지는 두 가지입니다.

그들이 수집하는 데이터로 전락하며 '타자에 의해 정의'될 것인가, 내 스스로가 하나의 브랜드가 되어 '자기정의'를 하며 살아갈 것인가.

이 책은 새로운 시대의 패러다임에 스스로를 정의하며 살아가는 대체 불가능한 존재들을 위해 실천적이고도 구체적인 로드맵을 제시하고 있습니다. AI 세상의 끝, 나 홀로 서 있는 듯한 외로움을 느끼는 비즈니스맨들에게 강력히 추천합니다.

| 경영 & AI 부문 |

변형균 '퓨처웨이브' 대표, 『통찰하는 기계 질문하는 리더』의 저자, 미래경영 전문가

우리는 디지털 문명의 결정적 변곡점에 서 있습니다. 과거에는 침묵이 개인의 자유였지만, AI 시대에는 스스로를 정의하지 않으면 시스템이 당신을 정의해 버리는 시대입니다.

손동진, 남정현 작가의 이 책은 이러한 존재론적 딜레마에 대한 해답을 제시하는 역작입니다. 저자들이 경고하는 현실은 충격적입니다.

우리가 남기는 모든 디지털 흔적—언어 패턴, 창작 스타일, 사고방식—이 AI에 의해 학습되어 '디지털 분신'이 되어 어느 순간 우리보다 더 '우리다운' 결과물을 만들어낼 수 있다는 것입니다. "AI는 복제하고, 우리는 브랜딩해야 한다"는 이 책의 핵심 명제입니다. AI 시대의 브랜딩은 단순한 자기 PR이 아닌 '대체 불가능성'을 증명하는 과정이며, 인간 고유의 관점과 가치를 명확히 하는 실존적 전략입니다.

20년간 브랜드 마케팅 최전선에서 쌓은 실무 경험과 AI 기술에 대한 전문적 이해가 결합된 이 책은, 인간 존재의 의미에 대한 철학적 성찰과 개인 브랜딩의 실용적 전략을 하나로 녹여내어, 주체적으로 자신을 창조하고 관리하여 시장을 주도하려는 모든 이들이 꼭 읽어보길 권합니다.

당신은 단순한 '데이터 포인트'나 '생성 소재'로 전락할 것인가?

아니면 자신의 고유한 가치와 독창성을 확립하는 총체적인 브랜딩 전략가가 될 것인가?

이 근본적 질문에 명확한 답을 제시하는 통찰력 있는 안내서입니다.

| 엔터테인먼트 부문 |

김동현 콘텐츠 전문 제작사 '덱스터픽쳐스' 대표

"나를 정의하고 나를 설계하며, 나를 이야기하는 기술"
AI는 더 이상 거대한 미래 담론이 아니라, '나'를 정의하고 표현하는 가장 실용적인 도구라는 것을 일깨워 주는 도서입니다. 이 책은 AI 기술의 원리나 가능성보다, 그것을 어떻게 '나의 브랜드'로 구체화할 것

인가에 질문을 던집니다.

　기술이 주도하는 시대에서 개인이 주도권을 쥐기 위한 실전적 접근법 그리고 글로벌 리더들이 실제로 AI를 어떻게 활용해 자산화하고 있는지를 명쾌하게 보여줍니다. 퍼스널 브랜딩이라는 테마를 관통하면서도, 단순한 자기계발서가 아닌 AI 시대를 살아가는 창작자, 기획자, 리더 모두를 위한 전략서입니다. 마징가를 손에 쥔 카부토코지처럼, 이제 우리 손에는 '신도 악마도 될 수 있는' AI라는 강력한 도구가 있습니다. 그 힘을 어떻게 쓰느냐는 결국 '나'에 달려 있습니다.

| 광고 & 브랜딩 부문 |

서강민 '브랜뉴' 에이전시 대표

"변화의 탐험가가 던진 마케팅의 새로운 지도"
새로운 마케팅 기술이 궁금할 때면 가장 먼저 그에게 전화를 걸게 됩니다. 제일기획을 박차고 나와 자신만의 길을 개척한 손 대표는, 남들이 "안 될 것 같다"고 말할 때 이미 '해보고 있는' 사람이었습니다. 대학 음악동아리에서 함께했던 그 창작의 DNA가 지금까지 이어진 듯합니다. 기술과 크리에이티브를 자유자재로 넘나드는 재능, 복잡한 기술을 사람의 언어로 풀어내는 능력이 놀랍습니다. 누구보다 빠르게 변화를 탐닉하며 새로운 시대를 꿰뚫어 보는 통찰력까지. 이번 책에서 그는 50년간 통용된 전통적 4P를 넘어 예측, 개인화, 참여, 목적이라는 새로운 프레임워크를 제시합니다. 현대카드부터 테슬라까지, 검증된 성공 사례들로 가득한 통찰이 그답습니다. 'AI 시대의 마케팅은 기술을 통해 인간에게 더 가까이 가는 시대'라는 그의 메시지처럼, 변화를 가장 먼저 받아들이면서도 사람을 놓치지 않는 따뜻한 시선이 고스란히 담겨 있습니다.

| 아트 & 콘텐츠 부문 |

김혜경 경희대학교 예술디자인대학 디지털콘텐츠학과 교수

AI가 일상과 산업 전반에 깊숙이 스며들면서, 미래를 바라보는 사고방식과 진로 설계의 패러다임이 근본적으로 변화하고 있습니다. 특히, AI가 촉발할 새로운 기회와 도전을 앞두고, 대학생을 비롯한 많은 사람들이 자신만의 경쟁력과 역할을 재정의해야 하는 시대에 놓였습니다.

『오리지널리티, AI 시대, 경험을 브랜드로 만드는 전략 가이드』는 이러한 전환의 한가운데에서, 개인이 어떻게 자신만의 퍼스널 브랜드를 구축하고, AI라는 혁신 기술을 활용해 자신의 가치를 극대화할 수 있는지에 대한 구체적인 전략과 방향을 제시합니다. 이 책은 인간 중심의 브랜딩뿐 아니라, AI 도구를 활용해 콘텐츠를 기획·제작하는 실질적인 방법론까지 폭넓고 깊이 있게 다루고 있습니다. 빠르게 변화하는 세상에서 주체적으로 성장하고자 하는 분이라면, 이 책이 전하는 통찰과 실천적 조언에서 큰 영감을 받게 될 것입니다. AI 시대를 살아가는 우리 모두가 반드시 읽어야 할 필독서로 추천합니다.

| **AI & 과학기술 부문** |

이경하 한국과학기술정보연구원 초거대AI연구센터장

AI 모델을 설계하고, 학습 데이터를 다루며, 매일같이 새로운 AI 모델과 시스템의 공개 소식을 목격하는 저로서, 이 책은 단순한 자기계발서가 아니라 AI 기술의 작동 방식과 그 사회적 파급력을 이해한 뒤, 이를 개인 전략으로 번역한 드문 책입니다.

특히 '예측·개인화·참여·목적'이라는 새로운 4P 프레임워크는 AI 연구자의 관점에서도 설득력이 큽니다. 예측은 AI 모델의 학습 데이터 기반 추론 능력과 직결되고, 개인화는 추천 시스템과 사용자 프로파일링 기술의 발전 방향과 맞물리며, 참여는 크라우드소싱과 사용자 피드백 루프, 목적은 결국 윤리적·사회적 설계 목표와 맞닿아 있습니다.

이 4가지는 AI 기술이 성숙할수록 오히려 더 절실해질 핵심 원리들일 것입니다. AI를 만드는 입장에서, 이 책은 기술이 어디로 가는지를 이해하는 동시에, 그 변화 속에서 '나'라는 고유한 모델을 어떻게 설계하고 훈련시킬 것인지를 고민하게 만듭니다. 모두가 이 책을 읽어야 하는 이유입니다. AI가 우리를 대체하기 전에, 우리가 먼저 우리 자신을 설계해야 한다는 메시지—이보다 더 확실하고 시대에 맞는 제안은 없을 것입니다.

프롤로그

AI 시대,
진정한 자아의 확장으로서의 복제

디지털 문명의 결정적 변곡점에서 우리는 이전 세대가 한 번도 경험하지 못한 존재론적 딜레마에 직면해 있습니다.

과거에는 '자기정의self-definition'가 단순히 사회적 선택의 영역이었습니다. 자신을 적극적으로 설명하지 않는 침묵은 개인의 고유한 자유였고, 그 정체성의 공백은 단지 공백으로 남았습니다. 대중매체와 전통적 마케팅의 시대에서는 브랜드가 소비자를 찾아 메시지를 전달했지만, 그 관계는 본질적으로 일방향적이었습니다. 참여하지 않는 것은 실질적인 선택지였고, 그 선택에는 분명한 결과가 따랐습니다. 침묵은 단순히 존재의 부재로 해석되었습니다.

그러나 현재의 AI 시대에서는 그러한 공백이 자동으로, 때로는 강제적으로 채워집니다. 침묵은 더 이상 무응답으로 끝나지 않습니다. 말하지 않는 자리에는 반드시 대신 말해줄 누군가 또는 무언가가 등장합니다. 이는 선택의 문제가 아니라 디지털 생태계의 기본 작동 원리가 되었습니다. 그리고 이 '무언가'가 바로 인공지능입니다.

 2010년대 초반부터 빅데이터와 머신러닝 알고리즘이 마케팅 분야에 도입되었을 때, 많은 전문가들은 이를 단순히 타깃팅의 정교화 도구로 인식했습니다. 그러나 2020년대에 들어서며 생성형 AI의 폭발적 발전과 함께, 우리는 이제 알고리즘이 단순히 데이터를 분석하는 것을 넘어 인간의 창의적 산출물을 학습하고 모방하며 때로는 초월하는 현상을 목격하고 있습니다. 이는 마케팅 분야뿐 아니라 창작, 커뮤니케이션, 자기표현의 모든 영역에서 근본적인 재고를 요구하는 변화입니다. 디지털 시대의 가장 근본적인 패러다임 전환은 여기에 있습니다. 이제 <u>자기정의를 거부하는 것은 단순한 익명성이 아닌, 데이터 객체로의 전락을 의미합니다. 스스로를 적극적으로 정의하지 않는 개인은 이미 시스템에 의해 정의되고 있습니다.</u> 당신이 생성하는 모든 디지털 흔적들(언어 패턴, 관심사, 소비 습관, 상호작용 방식, 창작물의 스타일, 반응 패턴 등)이 알고리즘에 의해 실시간으로 수집되고, 분석되며, 학습되고, 궁극적으로는 재구성됩니다.

 이 과정에서 '<u>당신의 디지털 조각들</u>'은 당신도 모르는 사이 타인의 콘텐츠, AI의 생성물 또는 기업의 마케팅 자료에 조용히 융합되어 있습니다. 당신의 창의적 표현, 사고방식, 심지어 가치관까지도 알고리즘적 분석의 대상이 되어 새로운 디지털 산물의 일부로 재탄생합니다. 이는 단순한 기술적 호기심이나 이론적 우려가 아닌,

현대인의 존재 방식에 대한 근본적 도전입니다. 이것이 현대인이 직면한 실존적 위협의 본질입니다.

문제는 이러한 알고리즘적 모방이 법적으로 표절인지, 창의적 영감인지, 아니면 단순한 통계적 유사성인지 구분하기 어렵다는 데 있지 않습니다. 그런 구분은 이미 의미를 잃어가고 있습니다. 진정한 위기는 AI가 생성한 '당신의 디지털 분신'이 실제 당신의 경제적, 사회적, 창의적 기회를 잠식하기 시작했다는 점입니다.

이 시점에서 우리는 불가피하게 근본적인 질문에 직면합니다. '내가 주체적으로 정의한 나'가 먼저 시장에 자리매김할 것인가, 아니면 'AI가 구성하고 재생산한 나의 버전'이 시장을 선점할 것인가? 이 질문은 단순한 수사적 표현이 아닙니다. 그것은 디지털 시대를 살아가는 모든 전문가, 창작자, 기업가 그리고 사실상 모든 경제활동 참여자가 답해야 할 실존적 도전입니다. 물론 이 책을 쓴 저자들도 예외가 될 수 없습니다. 이 질문에 어떻게 응답하느냐가 향후 개인의 경제적 가치와 사회적 영향력을 결정하는 핵심 요소가 될 것입니다.

이 책을 읽는 동안에도, 다양한 AI 시스템들이 당신의 디지털 흔적을 처리하고 있다는 사실을 인식할 필요가 있습니다.

우리는 일상의 모든 디지털 활동을 통해 자신의 정체성 데이터를 시스템에 제공하고 있습니다. 소셜 미디어 피드에서의 스크롤 패턴, 라이브 스트리밍 중의 반응, 제품 리뷰 작성, 온라인 커뮤니티 참여, 이력서 업로드, 이메일 통신 방식, 뉴스레터 구독 선택 등 모든 것이 '당신의 디지털 정체성'이라는 이름으로 저장되고, 분석되며, 모델링됩니다.

이러한 데이터가 충분히 축적되면 무엇이 되겠습니까? 당신을 대체할 존재, 이것이 바로 현대 디지털 경제의 가장 본질적인 위협입니다. '이 사람 아니어도 비슷한 역량과 스타일을 가진 사람 또는 AI가 많습니다.' 이 문장이 함축하는 위협의 본질을 깊이 이해할 필요가 있습니다. 이것은 단순한 경쟁의 심화가 아니라, 정체성 자체의 희석과 상품화를 의미합니다. 과거에는 개인의 경험, 역량, 창의성 그리고 네트워크가 대체 불가능한 자산이었습니다. 그러나 AI 시대에서는 이러한 요소들이 점차 알고리즘적으로 모델링되고, 시뮬레이션되며, 때로는 증강되거나 대체될 수 있습니다. '1만 시간의 법칙'으로 대표되는 전문성 개발의 패러다임은 이제 AI가 수백만 시간 분량의 데이터를 단시간에 학습할 수 있는 현실 앞에서 재고되어야 합니다.

AI시대의 브랜딩은 특히 '대체 불가능성'을 증명하는 과정입니다. 이는 단순히 기술적 역량이나 지식의 우수성을 강조하는 것이 아니라—그런 영역은 점점 더 AI의 영향력이 확대되고 있습니다—인간만이 제공할 수 있는 고유한 관점, 경험, 통찰 그리고 가치의 조합을 명확히 하는 것입니다. 이는 기술적 정확성을 넘어선 인간적 연결, 문맥적 이해, 윤리적 판단 그리고 공감의 영역을 포함합니다.

AI는 복제합니다. 우리는 브랜딩해야 합니다. 이 기본적 명제를 깊이 인식하고 실천하지 않는다면, <u>현대의 디지털 생태계는 당신을 독립적 주체가 아닌 하나의 '데이터 포인트' 또는 '생성 소재'로 취급할 위험이 큽니다.</u> 그리고 당신은 그 소재의 창조자가 아닌, 피해자로 전락할 가능성이 높습니다. 이 책을 통해 저는 이러한 위협을 회피하는 것이 아니라, 정면으로 마주하고 전략적으로 대응하는 방법을 제시하고자 합니다. 이는 단순한 방어적 접근이 아닌, AI 시대의 새로운 기회를 활용하는 적극적 전략의 개발을 의미합니다.

이 책은 체계적인 구조로 AI 시대의 브랜딩 도전에 접근합니다.

1장에서는 인공지능 기술이 인간의 창의성, 표현, 정체성을 어떻게 학습하고, 모방하며, 다양한 산업과 직업군에 침투하고 있는지를 살펴봅니다. 특히 생성형 AI가 인간의 창작물과 역할을 초월하고 있는 양상을 중심으로, AI시대의 전문성 재정의와 창작 윤리에 대한 통찰을 담았습니다.

2장과 3장에서는 소비자 권력이 극대화된 시대 속에서 브랜드 중심의 마케팅에서 개인 중심의 브랜딩으로 어떻게 패러다임이 이동하고 있는지를 다룹니다. 예측^{Predictive}, 개인화^{Personalization}, 참여^{Participation}, 목적^{Purpose}이라는 AI 시대의 새로운 마케팅 4P를 중심으로 인간 중심 브랜드 전략의 새로운 기준을 제시합니다.

4장에서는 세대별로 디지털 환경에 대응하는 브랜딩 전략의 차이를 분석합니다. Z세대부터 베이비붐 세대까지, 각 세대가 처한 환경과 특징을 반영한 <u>맞춤형 퍼스널 브랜딩 전략</u>을 제안하며, 성공적인 자기 정의를 위한 핵심 요소로 진정성, 전문성, 차별성을 강조합니다.

5장과 6장에서는 퍼스널 AI 에이전트와 퍼스널 IP라는 두 개념을 통해, 브랜딩이 단지 현재의 표현 수단을 넘어 미래의 자산이 되는 과정을 구체적으로 안내합니다. 디지털 복제 시스템을 기반으로 한 AI 에이전트의 활용, 수익화 모델, NFT와 블록체인 기반 자산화, 디지털 유산으로서의 브랜딩 확장을 논의하며, AI 시대에 '나'라는 존재가 어떻게 브랜드이자 시스템이 되어야 하는지를 실천적으로 제시합니다.

이 책은 무차별적인 대중 독자층을 겨냥하지 않습니다. 기술 변화에 단순한 공포를 느끼는 이들이나, 피상적 트렌드에 휩쓸리는 이들을 위한 지침서가 아닙니다. '내가 주체적으로 창조하고 관리하는 진정한 나'를 통해 시장을 주도하고자 하는 야심 찬 개인들을 위한 전략적 매뉴얼입니다. 여기서 제시하는 접근법은 단순한 자기계발이나 커리어 관리의 차원을 넘어섭니다. 그것은 자신의 고유한 가치를 명확히 정의하고, 그것을 효과적으로 브랜딩하며, 디지털 생태계에서 주도권을 확보하고, 단순한 생존을 넘어 시장을 지배하고자 하는 야망을 가진 이들을 위한 체계적이고 실용적인 지침서입니다.

디지털 시대의 가장 중요한 통찰 중 하나는 모든 데이터가 잠재적으로 재생산 가능하다는 것입니다. 그리고 인간의 창의적 표현, 사고방식, 커뮤니케이션 패턴도 결국 데이터의 형태로 존재합니다. 이것이 의미하는 바는 명확합니다. 복제는 불가피한 현실입니다. 그렇다면 남은 질문은 '복제를 어떻게 피할 것인가'가 아니라, '복제를 어떻게 전략적으로 관리하고 활용할 것인가'입니다. 이것이 이 책의 궁극적인 메시지입니다.

먼저 복제하십시오. 그러나 그것은 무분별한 복제가 아닌, 전략적 복제여야 합니다. AI가 만든 당신의 왜곡된 버전이 아닌, 당신이 주체적으로 정의하고 관리하는 진정한 자아의 확장으로서의 복제여야 합니다. 이것이 AI 시대의 브랜딩이 단순한 마케팅 전술이 아닌, 존재론적 필수 전략이 된 이유입니다. 그리고 이 책은 그 전략을 실현하기 위한 종합적인 로드맵을 제공합니다.

브랜딩은 이제 단순한 차별화나 가시성의 문제가 아닙니다. 그것은 당신이 누구인지를 정의하고, 그 정의에 대한 주도권을 확보하며, 디지털 세계에서 자신의 진정한 가치를 보존하고 확장하는 총체적 과정입니다. 이것이 브랜딩이 AI 시대의 가장 강력한 생존 및 번영 전략이 된 이유입니다.

이제 당신에게 묻겠습니다. 당신은 데이터로 남겠습니까? 아니면 선제적으로 브랜딩할 것입니까?

2025년 8월
손동진, 남정현

AI의 미래는 인간을 대신하는 것이 아니라,
인간의 역량을 키우고 보완하는 데 있습니다.

— 순다르 파차이, 구글 CEO

1장
전문성의 경계가 허물어지는 AI 시대

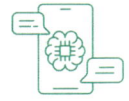

2016년, 이세돌 9단과 구글 딥마인드의 인공지능 '알파고'의 대결은 인류에게 깊은 인상을 남겼습니다. 바둑처럼 인간의 직관과 창의력이 중요한 영역에서도 AI가 승리를 거두면서, 많은 이들이 기술의 전환점을 실감하게 된 사건이었죠. 이후 알파고 제로는 인간의 데이터 없이 스스로 학습해 기존 알파고를 100전 100승으로 꺾었고, AI는 더 이상 인간을 '보조하는' 기술이 아니라 새로운 존재로 자리 잡기 시작했습니다.

같은 시기, AI는 예술·영상·창작의 경계까지 넘나들었습니다. 2018년, AI가 그린 초상화가 뉴욕 크리스티 경매에서 수억 원에 낙찰됐고 딥페이크 기술은 가짜 뉴스의 새로운 시대를 열었습니다.

그리고 마침내 2022년 11월, 누구나 AI를 직접 다룰 수 있는 시대를 연 챗GPT^{ChatGPT}가 등장하면서, AI는 일상이 되었고 우리 모두의 손끝으로 내려왔습니다. 스마트폰이 추천하는 맞춤 뉴스로 하루를 시작하고, 나보다 나를 더 잘 아는 음악 스트리밍 서비스를 들으면서 출근을 하고, 업무 시간에는 이메일 자동 분류와 회의 내용 요약의 도움을 받고, 퇴근 후에는 AI가 추천하는 동영상 콘텐츠로 하루를 마감하는 것이 우리의 평범한 일상이 되었습니다. 이렇게 AI는 우리 일상에 자연스럽게 스며들었고, 그 변화는 단순한 편리함을 넘어 일하는 방식과 전문 영역 전체를 빠르게 재편하고 있습니다.

예를 들어 광고회사에 다니는 디자이너 오 주임은 과거 광고주에게 제시할 광고 콘셉트 이미지를 만드는 데 꼬박 하루가 걸렸지만 이제는 달리DALL-E나 미드저니Midjourney와 같은 이미지 생성 AI를 활용해 10개가 넘는 다양한 콘셉트의 이미지를 한 시간 만에 만들어내며 이전보다 훨씬 빠르고 효과적으로 업무에 대응합니다. 스타트업에서 일하는 개발자 한 과장 역시 기존에는 복잡한 코드 작성에 많은 시간을 투자했지만, 이제는 깃허브 코파일럿GitHub Copilot과 같은 AI 코딩 도구의 도움으로 반복적인 코드 작성 시간을 90% 이상 단축했습니다. "예전에는 API 연동이나 데이터베이스 쿼리 작성에 하루의 절반을 쓰곤 했어요. 지금은 의도만 코멘트로 남기면 AI가 기본 코드를 작성해 주고 저는 검토와 수정, 최적화에 집중할 수 있죠. 이 스마트한 괴물을 안 쓰고 일하는 개발자는 이제 없을 겁니다"라고 힘주어 강조합니다.

이렇게 어느 정도 훈련이 되고 특정 교육을 받은 이들만이 수행할 수 있었던 디자인 작업, 프로그래밍, 문서 번역, 데이터 분석 등은 이미 AI 도구를 통해 누구나 접근할 수 있는 영역이 되었습니다. 과거 전문지식은 오랜 교육과 경험을 통해서만 습득할 수 있었고, 이는 곧 특정 전문직만 사회적 지위와 경제적 가치를 보장하는 진입장벽으로 작용했습니다. 그러나 AI는 이러한 지식의 장벽을 급속도로 허물고 있습니다. 법률, 의료, 금융, 통번역 등 고도의 전문지식이 요구되는 영역 역시 예외는 아닙니다.

예를 들어, 기업 법무팀에서 일하는 이 부장은 최근 계약서 검토 업무의 상당 부분을 AI 법률 도구에 맡기기 시작했습니다. 과거에는 외부 법률사무소에 비싼 자문료를 지불하거나 내부 변호사의 시간을 할애해야 했던 계약서 검토 작업이 이제는 AI를 통해 초기 위험 요소를 빠르게 식별하고, 문제가 될 수 있는 조항을 사전에 파악할 수 있게 되었습니다.

의료 분야에서도 유사한 변화가 나타나고 있습니다. 원격 진료와 AI 진단 보조 도구의 발전으로 의사가 직접 대면하지 않더라도 기본적인 건강 상담과 초기 진단이 가능해졌습니다. 환자들은 AI 건강 앱에 증상을 입력하고 가능한 원인과 대처 방법에 대한 조언을 받을 수 있게 되었습니다. 물론 이것이 전문의의 진단을 완전히 대체할 수는 없지만, 의료 지식에 대한 접근성을 크게 향상시키고 있습니다.

금융 분야에서는 로봇 어드바이저가 개인 투자자들에게 전문적인 자산관리 서비스를 제공하며, 교육 분야에서는 AI 기반 적응형 학습 시스템이 개인별 맞춤형 교육을 가능하게 합니다. 이처럼 AI는 전통적으로 전문가의 영역으로 여겨졌던 분야의 지식과 서비스를 일반인도 접근하고 활용할 수 있도록 변화시키고 있습니다.

전문 직업 영역의 혁신
'법률, 의료, 통번역, 창작의 변화'

법률 분야의 AI 혁명: 지식의 민주화

고도의 지식인이라고 하면 우리는 흔히 가장 쉽게 변호사, 판사 같은 법률가를 떠올릴 수 있습니다. 4년제 대학을 졸업하고 또 다른 고시라 일컬어지는 로스쿨에 입학해 3년 동안 피 말리는 공부를 하고 변호사 시험을 치르기 위해서 민법, 형법, 헌법 등 수많은 판례와 전문 서적의 방대한 양과 씨름해야 겨우 변호사 자격증을 손에 넣을 수 있습니다. 그렇게 변호사 자격증을 따더라도 인간의 기억력 한계, 매년 개정되는 법률 그리고 수많은 국내외 판례 등을 필요에 따라 항상 찾아보고 재확인, 끊임없이 공부해야 합니다. 결국 변호사는 방대한 양의 법률과 판례를 평생 동안 다루면서 씨름하는 직업입니다.

그런데 AI의 가장 일반적인 특징이자 장점은 '대량의 데이터를 신속하게 분석하고 처리할 수 있는 능력'입니다. 만일 대한민국뿐만 아니라 해외의 모든 법률규정과 판례가 데이터화되어 질문만 하면 30초 만에 어떤 법률가보다 더 정확한 답으로 나온다면 어떨까요?

벌써 10년 전, 변호사 법률 상담에 대한 문턱을 낮추고 누구나 쉽게 부담 없이 누릴 수 있어 런칭 당시 꽤 인기가 있었던 온라인 변호사 상담 플랫폼 '로톡'의 실제 사례를 현재 AI와 비교해 보면 그 결과는 더욱 확실해집니다.

당시 제가 변호사에게 아파트 하자보수와 관련된 내용으로 15분 동안 3만 원의 비용을 지불하고 통화 상담을 통해 받은 답변은 다음과 같았습니다.

[질의 내용]

안녕하세요 3개월 전 구입한 아파트 (13층, 현재 임차인 거주)싱크대 수전라인이 터져 누수로 인해 아랫집(12층)에 피해가 갔습니다. 밤중에 일어난 일로 누수가 상당히 진행(최초 발견자는 아랫집)되어 아랫집에 가보니 아직도 물이 떨어지고 천장벽이 물로 인해 피해가 갔습니다. 민법상 하자보수 책임 범위에는 6개월 이내 계약 당시에 인식한 목적물의 상태와 다른 하자 발생 시 그에 대한 책임을 매도인에게 물을 수 있다고 하는데 부동산 및 다른 전문가 얘기로는 중대하자가 아니고 매매와 관련된 하자의 책임은 매매당시에 있었던 하자에만 적용되어 매도인에게 책임을 묻기가 어렵다고 합니다. 사고 발생한 싱크대 수전라인을 직접 눈으로 확인한 결과 눈으로 확인이 어려웠습니다. 그리고 이 아파트 준공이 2004년인데 경비실에 확인 결과 그런 사례는 거의 없었다고 합니다.

매도인에게 책임을 물을 수 있나요?

[변호사 답변]

1. 다소 애매한 부분이 있습니다. 하자담보 책임을 묻기 위한 '매매당시 알 수 없었던 하자', '발견 후 6개월 내 청구'의 요건은 모두 충족되셨는데, 이를 매매목적물에 존재했던 하자라고 볼 수 있는지 명확하지 않습니다. 3개월이 지나고 터졌다는 점, 과거 그런 사례가 없었다는 점 등을 볼 때 그러합니다.
2. 일단 협의나 내용증명을 보내시어, "매매당시 알 수 없던 하자이고 6개월 내에 청구하였으므로 하자담보책임 요건 충족했다. 부동산의 하자로 인하여 아랫집에 큰 피해를 입었으니 이에 대하여 일정 부분 지급해 주길 바란다."라고 하시어 부담 비율을 합의하시는 것이 좋을 것 같습니다. 불리한 내용은 하실 필요가 없습니다.
3. 잘 진행해 보시고 또 궁금하신 점 있으시면 문의하여 주십시오.

그렇다면 ChatGPT 답변은 어땠을까요?

[ChatGPT 답변]

1. 민법상 하자담보책임(민법 제580조) 적용 가능 여부

민법 제580조(매도인의 하자담보책임)는 "매매 목적물에 하자가 있을 경우, 매수인은 하자의 보수를 청구하거나 계약을 해제할 수 있으며, 손해배상을 청구할 수 있다"고 규정하고 있습니다. 다만, 여기서 중요한 것은 매매 당시 이미 존재하던 하자여야 하며, 매수인이 계약 체결 후 6개월 이내에 이를 발견해야 한다는 점입니다.

▶ 핵심 쟁점: 사고 원인이 매매 당시 이미 존재하던 하자인가?

매매 당시 싱크대 수전라인에 이미 하자가 있었는지가 중요합니다. 눈으로 확인이 어려웠다고 하셨는데, 일반적으로 "은닉된 하자"라면 매도인의 책임을 물을 가능성이 있습니다. 하지만 전문가(부동산 관계자 등)의 의견대로, 보통 하자담보책임은 매매 당시 존재했던 하자에 한정되며, 자연적인 노후화, 우연한 사고, 매수인 소유권 이전 후 발생한 문제 등이 원인이라면 매도인의 책임을 묻기 어렵습니다.

2. 건물 노후화로 인한 문제인가?

아파트가 2004년 준공되었고, 경비실에서도 유사한 사례가 거의 없었다고 한다면, 이번 사고가 노후화로 인해 우연히 발생한 것인지, 아니면 매매 당시 이미 있었던 문제인지 판단해야 합니다. 노후화로 인한 문제라면, 이는 매도인의 책임이 아닌 건물 유지·보수의 문제일 가능성이 큽니다.

3. 매도인의 고의 또는 과실 여부

매도인이 하자를 알고도 숨겼다면(예: 과거에 동일한 누수 문제가 있었음에도 고지하지 않음) 책임을 물을 수 있습니다. 하지만 매도인이 해당 하자를 몰랐고, 매매 과정에서도 드러나지 않았다면 책임을 묻기 어렵습니다.

▶ 결론: 매도인에게 책임을 묻기 어려울 가능성이 큼

책임을 묻기 어려운 경우: 단순한 노후화로 인해 발생한 누수라면 매도인에게 책임을 묻기 어려움, 매도인이 해당 하자를 인지하지 못했고 숨긴 정황도 없음. 일반적으로 예상할 수 있는 유지·보수 범위 내의 문제

책임을 물을 수 있는 경우: 매도인이 과거에 동일한 문제를 겪었음에도 이를 고지하지 않았다면 "고지 의무 위반"을 이유로 손해배상 청구 가능, 매매 당시 이미 하자가 존재했다는 전문가 의견을 받을 경우, 매도인에게 하자담보 책임을 물을 가능성 있음

▶ 대응 방안

공식적으로 하자 감정을 받아보는 것이 중요합니다(건축 전문가, 누수 탐지 전문가 의견).

매도인에게 문의하여 과거 누수 이력이 있었는지 확인(필요하면 내용증명 발송)하여 매도인이 고의로 하자를 숨겼다면 법적 대응 가능(소송 및 손해배상 청구 검토)합니다.

결론적으로 매도인의 책임을 묻기는 어려울 가능성이 크지만, 추가적인 전문가 감정 결과에 따라 책임을 주장할 여지가 있을 수도 있습니다.

'매도인에게 책임을 물을 수 있는지 여부'에 대해 ChatGPT는 민법상 하자담보책임의 적용 조건, 건물 노후화와의 관계, 매도인의 고의나 과실 여부 등을 명확히 분석하고, 법적 대응 방안까지 상세히 제시했습니다. 특히 "공식적으로 하자 감정을 받아보는 것이 중요합니다" 등의 구체적 조언을 통해 실질적인 해결책을 제시했습니다. 이처럼 데이터화된 법률 정보는 이제 많은 사람들이 쉽게 접근할 수 있는 영역이 되었고, 생활 속 법률 상담은 충분히 AI로 대체될 수 있는 것이 현실입니다.

다만 아이러니하게도, 변호사들 역시 AI를 가장 적극적으로 활용하고 있는 직군 중 하나입니다. 변호사의 주요 업무 중 상당 부분은 계약서 작성, 문서 검토, 소송장 초안 등 반복적이고 시간이 많이 드는 작업입니다. 이러한 업무는 AI에게 맡기기에 적합하며, 실제로도 많은 법률 AI가 이 영역에서 활약하고 있습니다. 이런 장점을 살려 미국 스타트업 로스인텔리전스가 개발한 로스Ross는 세계 최초의 인공지능 변호사로 2016년 5월 뉴욕의 대형로펌인 베이커 앤드 호트레틀러Baker & Hostetler에 정식 고용되기도 했습니다.*

로스는 다양한 영역을 담당하면서 수시간이 걸리던 판례 검색 업무를 몇 분 안에 처리함으로써, 변호사들이 의뢰인 상담이나 전략 수립 같은 본질적 업무에 집중할 수 있도록 도와주었습니다.

---

* 서울경제, "AI 변호사 '로스', 美 대형로펌에 정식 채용", 2016.
https://www.sedaily.com/NewsView/1KX5DA3EGR

이와 유사한 흐름은 사법 시스템에서도 나타나고 있습니다. 2023년 2월 콜롬비아의 후안 마누엘 파디야 판사는 자폐의 의료권 관련 소송의 판결문을 작성하면서 챗GPT에게 도움을 받았다고 고백했습니다. 파디야 판사는 자폐증 어린이의 진료 접수비와 치료비, 교통비를 면제해 달라고 청구한 이 사건에 대해 챗GPT의 답변을 참고해서 판결문을 작성했다고 밝혔습니다. 많은 비난이 쏟아졌지만 세계 최초로 AI의 도움을 받아 재판한 판사로 이름을 남겼습니다.*

국내에서도 대형 로펌들을 시작으로 법률시장에 AI 바람은 거세게 불고 있습니다. 국내 한 신문사가 김앤장·광장·태평양 등 국내 10대 로펌을 전수조사한 결과 대부분이 소속 변호사를 위한 내부용 AI 서비스를 갖췄다고 응답했습니다.** 특히 올해는 사건 관련 판례·법령 검색 AI, 법률 용어에 특화된 전문번역 AI, 의견서·소장·제안서·변론요지서 등 법률 문서 분류 및 초안 작성 AI 등 통상 '어쏘(저연차) 변호사'들이 맡아온 단순 업무를 보조하거나 대체하는 기능들이 대폭 향상됐다고 밝혔습니다.

이러한 변화는 단순한 업무 효율성 개선에 그치지 않습니다. <u>AI는 법률 지식의 민주화를 가속화하고 있습니다.</u> 과거에는 변호사를 통하지 않으면 접근하기 어려웠던 정보들이 이제는 누구에게

---

* CBS News, "Colombian judge says he used ChatGPT in ruling." 2023. https://www.cbsnews.com/news/colombian-judge-chatgpt-ruling
** 중앙일보 "AI 변호사 시대" https://www.joongang.co.kr/article/25284294

나 열려 있습니다. 복잡한 법 체계 속에서 시민들이 자신의 권리를 보다 쉽게, 저렴하게 보호할 수 있는 길이 열리고 있는 것입니다.

물론 법률 AI의 조언에 대한 정확성과 책임 소재 그리고 데이터 보안 문제는 여전히 해결해야 할 과제입니다. 하지만 분명한 사실은 AI는 법률 분야에서 정보의 비대칭을 해소하고, 보다 평등한 법률 서비스를 실현하는 데 기여하고 있다는 점입니다. 이는 단순한 기술 혁신이 아니라 '지식의 민주화'라는 더 큰 사회적 변화의 일부로 이해해야 할 것입니다.

의료 분야의 AI 혁신: 정확성과 효율성의 향상

법조인과 마찬가지로 고도의 지식인이자 전문직으로 불려지는 의료인들도 AI의 영향을 피할 수 없게 되었습니다. 현재 AI가 의료분야에서 가장 뛰어난 성능을 보여주는 곳은 영상의학입니다. 딥러닝 모델은 수천 장의 이미지를 학습하여 X-ray, CT, MRI 등의 검사 이미지를 판독하고, 질병의 이상 징후를 신속하게 식별하며 진단의 정확성을 획기적으로 향상시키는 데 중요한 역할을 하고 있습니다.

최근 로만 J. 게르츠 독일 쾰른대학병원 영상의학과 의학박사 연구팀이 국제학술지 '방사선학'에 발표한 연구결과에 따르면 "GPT-4와 영상의학과 전문의의 방사선학 진단 기록에 대한 오류 검출률이 유사하고, 진료기록당 처리 시간이 사람보다 적게 소요

됐고 잘못된 부분을 교정하는 수정비용도 더 적게 들었다"고 합니다.* 또한 국내 의료인공지능 기업 루닛에 따르면 "AI 영상 솔루션 루닛 인사이트 활용 시 초기 유방암 검진율은 90%에 육박하고 이는 기존 흉부 엑스레이와 유방촬영술을 통한 의사의 판독 정확도(70%)를 상회하는 수치"라고 발표하기도 했습니다.** 이미 서울대병원 등 국내 빅5 대학병원들은 AI 영상진단 솔루션을 도입, 사용하고 있으니 이미 의사들이 그 효과를 신뢰하고 있다는 반증이기도 합니다.

영상진단뿐 아니라, 정형외과 수술 영역에서도 AI는 중요한 혁신을 가져오고 있습니다. 삼성서울병원은 최근 복잡한 수술의 안전성과 정밀도를 높이기 위해 AI 기반 로봇 시스템을 도입했습니다.*** 이 혁신적인 시스템은 미리 계획된 수술 안내 지도에 따라 실시간으로 환자의 해부학적 구조를 분석하고, 각 환자에게 맞춤화된 정밀한 수술을 가능하게 합니다. 또한 수술 후 재활 치료에도 첨단 기술이 적용되고 있습니다.

AI는 더 나아가, 환자의 개별 특성과 유사 사례를 분석하여 최적의 치료 방안을 제안하는 맞춤형 치료 계획 수립에도 활용되고 있

---

* "GPT-4 Matches Radiologists in Detecting Errors in Radiology Reports", 〈국제학술지 Radiology〉, 2024. 04. 16. https://www.rsna.org/news/2024/april/gpt4-matches-radiologists?utm_source=chatgpt.com.
** 루닛, "AI 유방암 검진 정확도 향상 발표", 2023. https://www.lunit.io/insights
*** 삼성서울병원, AI 로봇수술기기 '아쿠아블레이션'도입, 〈메디포뉴스〉, 2023. 05. 17. https://medifonews.com/news/article.html?no=178736.

습니다. 머신러닝 알고리즘은 유사한 환자군에서 어떤 치료가 효과적이었는지 학습하고, 이를 바탕으로 환자 맞춤형 예측 분석을 제시해 의료진이 보다 정교한 판단을 내릴 수 있도록 도와줍니다.

하지만 이처럼 급속히 발전하는 의료 인공지능 기술의 이면에는 중요한 윤리적 질문이 자리하고 있습니다. 인공지능이 제안한 진단이나 치료를 기반으로 의료 행위를 수행한 경우, 그 결과에 대한 책임은 과연 누구에게 있는 것일까요? 의사의 판단인지, 알고리즘의 오류인지, 명확하게 가리기 어려운 이중 책임 구조는 의료 현장에 새로운 불확실성을 더하고 있습니다. "몇 년간의 학습과 실전 수련을 거쳐 축적된 인간 전문가의 지식과 경험이 아닌, AI가 주도하는 진단과 치료가 과연 바람직한가?"에 대한 질문도 제기되고 있습니다. 그럼에도 의료 현장에서는 윤리와 책임에 대한 논의가 부족합니다. 생명을 다루는 만큼, 신뢰를 위한 제도적 기준 수립이 무엇보다 시급합니다.

통번역 분야의 혁명: 언어장벽의 해소

최근 한 TV 광고에서 해외의 한 식당에서 스마트폰의 도움을 받아 자연스럽게 실시간 통역을 하며 아무런 언어장애 없이 음식을 주문하는 여성을 기억하시는지요? 스마트폰의 AI 통역 기능이 한국어와 영어, 일본어, 중국어 등 13개 언어를 알아듣고 실시간으로 통역을 해주는 편리함을 강조하는 광고였는데요. 이미 몇 년 전부터 저뿐만 아니라 수많은 학자들이 미래에 사라질 직업으로 많이 꼽던 것이 통번역가였습니다.

사실 제가 20년 전 대학교를 졸업하고 막 사회생활을 할 때만 해도 다양한 국가의 해외 바이어들과의 세미나가 많이 있었고 이때마다 수많은 통역가들이 고용되어 회의장 끝 작은 부스에 앉아 실시간 통역을 해주는 광경을 많이 목격했었습니다. 글로벌화에 힘입어 통번역대학원은 상당히 인기가 있었고 숙련이 되어 업계에서 인정을 받게 되면 보수도 꽤 많이 받았기 때문에 이런 통역사들의 인기는 상당했습니다. 하지만 최근에는 이런 광경을 잘 볼 수가 없습니다. 이미 많은 통역의 기능을 AI가 대신하면서 다국적 행사에서는 이미 모든 통번역에 AI의 도움을 받고 있습니다. 발표자가 스피치를 하면 자연스럽게 번역된 자막이 화면에 보이고, 때로는 읽어주기도 합니다.

앞서 말씀드렸지만 AI가 가장 잘하는 것이 '대량의 데이터를 신속하게 분석하고 처리할 수 있는 능력'입니다. 그 데이터가 언어라면 어떨까요? 전 세계에는 대략 7천여 개의 언어가 있다고 합니다. 이 언어 데이터는 LLM$^{\text{Large Language Model}}$에 들어가 있고 사운드 기능을 얹어 모국인보다도 더 정확하게 유창하게 언어를 구사합니다. 그리고 우리는 그 위대한 기능을 이미 스마트폰에서 아주 잘 활용하고 있습니다.

가장 최근인 2025년, 구글은 실시간 번역 기술의 새로운 이정표를 제시했습니다. Google I/O 2025에서 공개된 스마트 안경은 상

그림 1. 2025 Google I/O 2025에서 공개된 스마트 안경의 실시간 번역기능

대방의 외국어 발화를 인식하고 이를 자막처럼 실시간으로 눈앞에 띄워 주는 기능을 탑재했습니다.* 단순한 기계식 자막 번역이 아니라, 제미나이^Gemini 기반 언어 모델을 통해 문맥과 의도를 해석해 자연스럽고 이해하기 쉬운 형태로 번역해 줍니다. 통역사가 동행하지 않아도, 우리는 이제 귀로 듣고 눈으로 이해하는 시대에 들어서게 된 것입니다. 디스토피아적 근미래를 배경으로 한 봉준호 감독의 영화 〈설국열차〉를 보면 지구 횡단 기차에 갇힌 세계 각국의 사람들이 실시간 '첨단 통역기'를 통해 의사소통을 합니다. 어쩌면 이러한 세상이 바로 코앞인지도 모르겠습니다.

물론 다만 아직도 많은 전문가들은 단순 의사소통을 넘어 문화

- "Android XR 안경이 실제 세계에서 Gemini와 어떻게 작동하는지 살펴보세요.", 〈구글 뉴스〉, 2025. 05. 23. https://blog.google/products/android/android-xr-glasses-demo-io-2025/.

1장 | 전문성의 경계가 허물어지는 AI 시대   37

적 맥락과 미묘한 뉘앙스를 이해하고 감정적인 표현까지 전달하는 인간 통역사의 직관적 능력은 여전히 가치가 있다고 한 목소리로 얘기합니다. 저 역시 이 말에 일부 동의하지만 기술의 발전이 너무나 빠르고 광범위하게 진행되고 있어서 인간통역사의 모든 능력을 추월하는 AI 통역사의 출현이 예상보다 빠르지 않을까 걱정이 되기도 하면서 기대가 되기도 합니다.

창작 분야의 AI 혁신: 창의성과 효율성의 새로운 지평

AI 기술이 법률, 의료, 통역 등 다양한 분야에서 인간의 노동을 보완하거나 대체하며 효율성을 높이고 있는 와중에 이제는 창의성을 요구하는 영화, 광고 등 예술 분야까지 그 영역을 확장하고 있습니다. 국내외 영화 제작 사례를 보면 AI는 영화 제작 과정에서 스크립트 작성, 촬영, 편집 및 후반처리 등 이미 다양한 단계에 활발히 활용되고 있습니다.

예를 들어, 대본 작성 시 AI 알고리즘은 대본의 구조를 분석하고 관객의 반응을 예측하여 스토리라인을 개선하는 데 도움을 줄 수 있습니다. 또한 AI 기술을 반영한 촬영 시스템은 촬영 중 자동으로 색상을 조절하거나 최적의 조명 설정을 찾을 수 있습니다. 드론을 통한 공중 촬영에서도 AI는 인간의 개입 없이 필요한 장면을 캡처하며 고도의 정확성을 자랑합니다. 특히, 인간이 손으로 하나하나 그려내거나 모델링, 렌더링 등 물리적 상호작용을 구현해야

그림 2. 영화 '원 모어 펌킨'

하는 CG 작업에는 많은 자원과 비용이 필요했지만, AI 기술을 통해 이러한 작업 비용을 크게 줄일 수 있게 되었습니다. 이는 영화 제작의 접근성을 높이고, 더 많은 창작자들이 고퀄리티의 작품을 만들 수 있는 기회를 제공하고 있음을 부정할 수 없습니다.

실제로 최근 한국 감독이 생성형 AI로 제작한 판타지 호러 영화 〈원 모어 펌킨〉이 2024년 2월 제1회 두바이 국제 AI 영화제에서 대상과 관객상을 수상하면서 높은 퀄러티의 영화제작도 이제 AI만으로 가능하다는 것을 증명했습니다. 이 영화는 "호박을 키우는 노부부가 저승사자를 죽이며 200살 넘게 장수한다"는 독특한 스토리를 담고 있는데 단 3분짜리 영화이지만, 흥미로운 스토리뿐만 아니라 높은 퀄리티로 제 눈을 깜짝 놀라게 했습니다.

영화를 제작한 권한슬 감독은 "생성형 AI를 통해 음성을 포함한 모든 장면을 단 5일 만에 만들었고, 전기요금을 제외하면 제작비는 0원이 들었다"고 밝혔습니다. 그러나 AI가 모든 것을 쉽게 만들어준 것은 아니었습니다. 권 감독은 카메라 질감, 앵글 사이즈, 조리개 값, 렌즈 밀리 수 등을 상세히 입력해 장면을 출력해야 했고, 실제 촬영처럼 수많은 과정을 반복하며 인고의 시간을 보냈다고 설명했습니다.

다만 이런 인간적인 노력에도 불구하고 영화의 창작에 대한 도덕적인 순수성과 저작권 등의 사회적인 이슈는 피할 수 없습니다. 실제로 2023년 할리우드에서는 AI 기반 콘텐츠 제작에 대한 논란이 큰 화제가 되었는데, 할리우드 작가 조합WGA이 AI의 사용에 대한 우려로 파업을 단행했었습니다. 작가들은 AI가 그들의 창작물을 대체하거나, 저작권 문제를 일으킬 수 있다는 점에서 강한 반발을 보였습니다. 이들은 AI가 생성한 콘텐츠가 인간의 창의성을 대체할 수 없으며, AI의 사용이 작가의 권리를 침해할 수 있다고 주장했습니다.

또한 올해 아카데미상 10개 부문 후보에 오른 브래디 코베의 영화〈브루탈리스트〉는 편집 과정에서 생성형 AI를 사용했다는 사실이 알려지며 논란이 되었습니다. 이러한 논란은 AI가 창작 과정에서 점점 더 중요한 역할을 하고 있음을 보여주는 동시에, 인간이 창작하는 콘텐츠와의 갈등이 이미 사회적 논쟁의 중심에 서 있음을 보여주고 있습니다. 이 갈등의 본질은 이후 장에서 더 깊이 살펴보겠지만, 지금 이 순간에도 AI는 다양한 창작 현장에서 혁신적인 변화를 만들어내고 있습니다.

　트렌드에 가장 민감하고 빠른 변화를 주도하는 광고 제작에 있어서도 최근 몇 년 사이 AI를 활용한 사례가 늘어나고 있으며, 이는 기존의 광고 제작 방식을 크게 변화시키고 있습니다. 예를 들어, 2022년 코카콜라는 AI를 활용해 완전히 새로운 형태의 광고를 제작했습니다. 이 회사는 AI 알고리즘을 통해 소비자 데이터를 분석하고, 이를 바탕으로 개인화된 광고 콘텐츠를 생성했습니다. 이 광고는 각 소비자의 취향과 관심사를 반영하여 맞춤형 메시지를 전달함으로써 기존 광고보다 훨씬 높은 반응률을 기록했습니다.

　또한 AI는 단순히 광고 제작 과정을 넘어 광고 회사들의 전반적인 운영 방식까지 변화시키고 있습니다. 특히, AI를 활용한 데이터 분석, 콘텐츠 생성, 타깃팅 그리고 캠페인 최적화 등 다양한 분야에서 그 영향력이 확대되고 있습니다. 이에 따라 많은 광고 회사들이 AI 기술을 도입하고 전환하는 사례가 늘어나고 있습니다. 예를 들어 글로벌 광고 대행사 WPP는 IBM의 AI 플랫폼인 왓슨^{Watson}을 활용해 광고 크리에이티브 프로세스를 혁신하고 있습니다. 왓슨은 대량의 데이터를 분석하여 소비자 행동과 선호도를 예측하고, 이를 바탕으로 광고 크리에이티브를 생성하는 데 도움을 줍니다. 이는 기존의 수동적인 크리에이티브 프로세스를 대체하며, 광고 제작 시간을 단축하고 효율성을 높이는 데 기여했습니다.

　여기서 조금 자랑을 하면 저희 회사에서 개발한 '애드플로러^{Adplorer}' 역시 생성형 AI를 활용한 광고 자동화 솔루션으로, 콘텐츠 제작과 타깃팅, 매체 집행, 성과 분석까지 광고 캠페인의 전 주기를 AI의 지원을 받아 통합적으로 관리할 수 있도록 설계되었습니다. 실제 도입 이후, 수동으로 진행되던 집행 프로세스를 자동화하고 타깃 맞춤형 광고 콘텐츠를 빠르게 제작함으로써 마케팅 성과와 비용 효율을 모두 개선한 사례들이 늘어나고 있습니다.

이처럼 AI가 창작 과정에서 점점 더 중요한 역할을 하게 되면서, 인간 창작자의 역할이 축소될 위험성에 대한 우려 역시 커지고 있습니다. 그러나 AI는 단순히 인간의 창의성을 대체하는 도구가 아니라, 인간의 창의성을 확장하고 새로운 가능성을 열어주는 창의적 파트너로 볼 수 있습니다. 우리가 영화든 광고이든 무엇을 제작하기 위해서는 카메라, 컴퓨터 프로그램 등 다양한 도구를 활용하는 것처럼 그 도구가 아주 스마트한 AI 파트너라면 오히려 제작자의 의도, 창작력, 생각 등을 확장하고 새로운 가능성을 열어주는 혁신적인 돌파구가 되지 않을까요? 결국 더 가까운 미래에는 AI 파트너와 인간 창작자가 함께 만들어내는 새로운 예술의 시대가 열릴 수 있을 것으로 많은 전문가들은 예상하고 있습니다.

그러나 여기에는 여전히 풀리지 않은 중요한 질문이 하나 남아있습니다. "과연 인간이 AI를 활용해서 만든 창작물은 누구의 것인가?"입니다.

창작의 경계: AI는 창작자인가, 창작 보조자인가?

"AI가 만든 창작물에 저작권을 인정할 수 있는가?" 너무나도 유명한 1884년 미국 연방대법원의 '사로니 판결$^{Sarony\ case}$'은 이 문제에 대한 최초의 방향성을 제시한 역사적 사례입니다. 당시 법원은 사진이라는 새로운 기술로 만들어진 결과물도 구도와 조명, 포즈 등을 인간이 기획하고 통제했다면 사진도 결국 창작물로 인정할 수 있다고 판단했습니다. 기술의 도움을 받았더라도 그 안에 '인간의 창의성'이 개입되었다면, 그것은 보호받아야 할 저작물이라는 입장이었습니다.

반대로, 인간의 창의성이 전혀 개입되지 않은 경우는 어떻게 판단해야 할까요? 2014년 미국 저작권청은 원숭이가 셀프카메라로 찍은 사진에 대해 "저작권의 주체는 인간이어야 한다"며 저작권을 부정했습니다. 이어 2018년에는 AI 'The Creativity Machine'이 만든 이미지에 대해 개발자 스티븐 탈러$^{Stephen\ Thaler}$가 저작권을 신청했지만, 법원은 이를 거부하며 "AI 자체가 창작자가 될 수 없고, 저작권 보호의 핵심은 인간의 창의적 개입"이라는 입장을 재확인했습니다.

생성형 AI 기술의 급속한 발전은 기존의 경계를 빠르게 허물고 있습니다. 2025년 1월, 미국 저작권청은 AI로 생성한 이미지 'A Single Piece of American Cheese'에 대해 저작권 등록을 허가했습니다.* AI 단독 창작물이 아닌, 인간의 창의적 개입이 명확히 드

그림 3. A single piece of American Cheese, Kent Keirsey, 2024

러난 협업 사례라는 점에서 의미 있는 판례로 평가됩니다. 이 작품의 저작권이 인정된 데는 두 가지 핵심 이유가 있었습니다. 첫째, 인간의 창의적 개입이 있었습니다. 창작자인 켄트 키어시는 AI가 생성한 이미지들을 선택하고 수정한 후, 이를 조합해 새로운 결과물을 만들어냈습니다. 단순한 생성이 아닌, 인간이 주도적으로 개입한 '편집과 구성'의 흔적이 있었습니다. 둘째, 창작성 있는 배열과 재구성이 있었습니다. AI가 만든 이미지 조각들을 창의적으로 배열하고 통합하는 과정에서, 인간만이 할 수 있는 미적 판단과 표현이 개입되었기에 저작권의 '창작성 요건'을 충족한 것으로 보았

- IPKat, A Single Piece of US Copyright: Are AI-generated images original artistic works or banal compilations?, 2025. 02. 18. https://ipkitten.blogspot.com/2025/02/a-single-piece-of-us-copyright-are-ai.html.

습니다.

이는 중요한 전환점입니다. 완전한 독립형 AI가 만든 결과물은 여전히 저작권 보호에서 제외되지만, 인간과 AI가 협업한 결과물에는 새로운 법적 지평이 열리고 있다는 신호입니다. 국내에서도 이와 비슷한 사례로 생성형 AI로 전면 제작한 영화 〈AI 수로부인〉이 처음으로 이미지 등을 선택 또는 배열한 것에 대해 '편집저작물'로 일부 저작권 인정을 받아 등록됐습니다. 물론 AI 산출물인 영화 자체에 대한 저작권을 인정받을 수는 없었지만 향후 AI 저작물에 관한 중요한 사례로 남게 됐습니다. 〈AI 수로부인〉에 사용된 개별 소재들은 GPT-4, 클로바X, 미드저니, 스테이블 디퓨전 등 다양한 AI를 이용해 만들어졌지만, 만들어진 소재들을 선택하고 또 배열하는 과정에서 사람의 창의성이 중요한 역할을 했다고 인정받은 것입니다.

AI 창작물의 보호를 논할 때, 여전히 남는 질문은 "저작권자가 누구인가?"입니다. 기여자 중심 권리 부여, 즉 이용자나 프로그래머에게 권리를 부여하자는 주장도 있지만, 실제 창작적 개입의 수준을 객관화하기 어렵고, 경우에 따라 형평성 논란이 발생할 수 있습니다. 일부는 AI 창작물을 공동저작물로 보고 프로그래머와 이용자 모두에게 권리를 부여하자고 주장하며, 또 다른 입장은 기업이 투자한 경우 이를 업무상 저작물로 인정하자는 견해도 있습니다. 하지만 현행법상 업무상 저작물은 인간의 고용 관계를 전제로 하기 때문에, AI는 법률행위 주체가 아니기에 한계가 있습니다.

한편 AI 창작물이 기존 저작물과 매우 유사해 보일 경우, 저작권 침해로 이어질 수 있는지 여부도 중요한 문제입니다. 저작권 침해가 인정되려면 보통 두 가지 요건이 필요합니다. 하나는 AI가 기존 작품을 참고하거나 영향을 받았다는 '참조 여부', 또 하나는 실제 결과물이 원작과 '실질적으로 유사'하다는 점입니다.

하지만 AI의 학습 경로나 결과물의 생성 방식이 불투명하기 때문에 법적으로 이런 침해를 입증하는 것은 매우 어렵습니다. AI가 기존 저작물과 비슷한 작품을 만들었을 때 그 유사성이 단순한 우연인지 아니면 의도된 모방인지를 판단하기도 어렵습니다. 만약 의도적으로 기존 저작물을 흉내 낸 것으로 간주된다면, AI를 사용한 사람에게 저작권 침해 책임이 돌아갈 수 있고, AI를 제공한 회사도 간접적으로 책임을 질 수 있습니다.

결론적으로 AI 창작물 보호에 대한 새로운 해석과 입법적 기준이 빠르게 요구되는 상황입니다. 지나치게 많은 권리를 부여하면 문화 향유의 장벽이 생기고, 반대로 아무런 보호 장치가 없다면 창작 유인이 사라질 수 있습니다. 그래서 일부에서는 '약한 저작권 보호이론'을 통해 제한적 보호를 주장하고 있습니다. 이는 AI가 만든 창작물에 대해 전면적인 저작권을 인정하진 않되, 일정 수준의 창작 유인을 제공하기 위해 제한적이고 최소한의 보호만 부여하자는 입장입니다. AI가 창작에 깊숙이 참여하는 시대, 우리는 '창작자는 누구인가?'에 대한 정의부터 다시 써야 할지도 모릅니다.

전문성의 재정의: 인간과 AI의 공존 시대

"우리는 변화의 물결에 저항하거나 그것을 이용할 수 있습니다.
우리가 선택하는 것은 우리의 미래를 결정합니다."

- 앨빈 토플러

다양한 전문 분야에서 AI가 가져온 변화는 단순한 기술 진보를 넘어 '전문성' 자체의 개념을 근본적으로 바꾸고 있습니다. AI는 인간보다 방대한 정보를 기억하고, 더 빠르게 처리하며, 때로는 더 정확한 판단을 내릴 수 있게 되었습니다. 이제 전문성은 지식을 '소유'하는 것에서 '활용'하는 방향으로 그 중심이 이동하고 있습니다. 모든 정보가 손끝에서 접근 가능한 시대에, 단순히 많은 것을 아는 것보다 필요한 정보를 효과적으로 찾고, 평가하고, 활용하는 능력이 더 중요해졌습니다.

앞서 살펴본 법률, 의료, 통번역, 창작 분야의 사례들은 AI가 전문 영역에 미치는 영향을 생생히 보여줍니다. 챗GPT가 제공한 법률 상담은 기존의 유료 변호사 상담과 비교해도 손색이 없었고, AI 영상진단 시스템은 초기 암 진단에서 인간 의사보다 높은 정확도를 보여주었습니다. 통번역 분야에서는 구글의 스마트안경이 곧 대중화되고 메타의 심리스M4T^{SeamlessM4T}와 같은 AI 시스템이 전문 통역사에 필적하는 성능을 발휘하고 있으며, 창작 분야에서는 AI로 제작된 영화가 국제 영화제에서 수상하는 경이로운 성과를 거두고 있습니다. 이러한 변화 속에서 <u>전문성은 이제 지식의 양이</u> <u>아닌 질 그리고 그 지식을 어떻게 활용하는가에 따라 정의됩니다.</u>

전문성의 개념이 변화함에 따라 직업 세계에도 큰 변화가 일어나고 있습니다. AI의 발전은 일자리 시장에 양면적인 영향을 미치고 있습니다. 한편으로는 인간의 일자리가 대체될 것이라는 우려가 있고, 다른 한편으로는 새로운 직업과 기회가 창출될 것이라는 전망이 공존합니다. 맥킨지 글로벌 연구소McKinsey Global Institute의 보고서에 따르면 2030년까지 전 세계적으로 약 4억~8억 개의 일자리가 자동화로 인해 대체될 수 있다고 예측했습니다.* 특히 반복적이고 예측 가능한 업무에 종사하는 직종은 더 큰 영향을 받을 것으로 보입니다.

그러나 역사적으로 볼 때, 기술 혁신은 항상 일부 직업을 사라지게 하는 동시에 새로운 직업을 창출해 왔습니다. 산업혁명으로 인해 수공업자들의 일자리는 감소했지만 공장 노동자, 엔지니어, 디자이너 등 새로운 직업이 생겨났습니다. 컴퓨터의 발명으로 타자수, 전화교환원 등의 직업은 사라졌지만 프로그래머, 시스템 관리자, 데이터 분석가 등 수많은 IT 관련 직업이 탄생했습니다. AI 시대에도 이러한 패턴은 계속될 것입니다. <u>AI 윤리 전문가, 데이터</u> <u>큐레이터, AI-인간 협업 관리자, 디지털 디톡스 코치 등 현재는 존</u>

---

* McKinsey Global Institute. Jobs Lost, Jobs Gained: Workforce Transitions in a Time of Automation. 2017. https://www.mckinsey.com/mgi/overview/2017-in-review/automation-and-the-future-of-work.

재하지 않거나 초기 단계인 직업들이 중요해질 것입니다.

또한 교육, 의료, 예술, 상담 등 인간의 감성과 공감 능력이 중요한 분야에서는 AI와의 협업을 통해 더 나은 서비스를 제공할 수 있는 기회가 생길 것입니다. 이러한 변화에 적응하기 위해서는 평생학습과 유연한 사고방식이 필수적입니다. 특히 젊은 세대는 단일 직업에 평생 종사하기보다는, 다양한 직업과 역할을 경험하며 자신의 역량을 지속적으로 발전시켜 나가는 '포트폴리오 커리어'를 구축할 필요가 있습니다.

AI는 이제 우리 일상 깊숙이 스며들며, 다양한 전문 직업의 업무 방식에 근본적인 변화를 일으키고 있습니다. 이러한 변화의 흐름 속에서 우리는 AI와 경쟁하기보다, 어떻게 협업할지를 고민해야 합니다. 인간과 AI가 공존하는 미래에서 진정한 전문가는 AI를 경쟁자가 아닌 파트너로 삼고, 반복적이고 기계적인 작업은 기술에 맡기되 인간만이 지닌 창의성, 공감 능력, 윤리적 판단에 집중할 줄 아는 사람입니다. 기술을 자신의 고유한 가치와 연결하고, 정보를 통합하며 맥락을 읽고 협업하고 확장해 가는 여정이 바로 퍼스널 브랜딩의 시작입니다.

AI 시대에는 모든 개인이 미디어입니다.
자신만의 목소리, 관점, 전문성을 통해
가치를 창출하고 영향력을 행사할 수 있으며,
이는 기업 브랜드가 따라할 수 없는
독특한 경쟁력이 됩니다.

― 손동진, 남정현

2장

AI 시대의 권력 이동, 소비자의 힘이 극대화되는 세상

소비자 권력 이동의 배경: 초연결 시대의 도래

세계 이동통신 사업자연합회GSMA가 2022년에 발표한 전 세계 스마트폰 보급률은 76%로, 2025년 현재는 80%를 넘어선 것으로 추정됩니다. 대한민국은 그보다 높은 95%의 보급률을 기록하고 있습니다. 즉 스마트폰 하나로 시간, 장소, 인종, 연령, 직업 등에 구애받지 않고 전 세계 다양한 사람들과 우리는 쉽고 빠른 소통이 가능합니다.

이러한 초연결 환경은 소비자와 기업 간의 관계를 근본적으로 변화시켰습니다. SNS와 온라인 커뮤니티를 통해 이야기하고, 친구를 사귀고, 전 세계의 뉴스를 접하고, 사회관계를 형성하는 시대에서는 한 사람의 경험이 순식간에 수백만 명에게 퍼지는 것이 일상이 되었습니다. 이런 변화는 기업의 입장에서 보면 고객의 목소리 하나하나가 모여 사회적 공감대를 형성하고, 브랜드의 평판을 좌지우지할 수 있는 치명적인 리스크 또한 될 수 있는 시대가 되었음을 시사합니다.

너무나도 유명한 사례인 2017년 미국 유나이티드 항공에서는 한 승객이 강제로 끌려나가는 동영상이 SNS에 퍼지며 세계적 공분을 샀고, 유나이티드 항공은 회사 이미지에 막대한 타격을 입었습니다. 이 사건 직후 유나이티드 항공의 주가가 4% 하락해 시가총액 약 10억 달러(약 1조 1천억 원)가 증발했습니다. 더욱 놀라운 점은 이 동영상이 중국 소셜미디어 웨이보에서만 2억 7천만 번 이상 조회되어 중국 시장에서 회사 이미지가 더 크게 훼손되었다는 점입니다.

2024년, 글로벌 생활용품 기업 P&G의 면도기 브랜드 질레트도 SNS에서 제품 품질 저하에 대한 소비자 불만이 바이럴 현상으로 확산되면서 큰 위기를 겪었습니다. 소비자들은 #QualityFail 해시태그와 함께 자사 제품의 내구성 문제에 대한 사진과 동영상을 공유했고, 이는 48시간 만에 1000만 건 이상의 조회 수를 기록했습니다. 이에 P&G는 신속히 CEO의 공식 사과 영상을 게시하고 품질 관리 시스템 전면 개편을 약속했지만, 이미 경쟁사로의 소비자 이탈이 진행되어 해당 분기 시장점유율이 3.5% 하락하는 결과로 이어졌습니다.

- Business Insider. "Gillette Faces Backlash over Product Quality on Social Media." 2024. https://www.businessinsider.com.

국내에서는 2022년 1월, S그룹 부회장이 자신의 인스타그램에 '멸공滅共'이라는 표현을 사용한 게시물을 올려 논란을 일으켰고 소비자들 사이에서 찬반 논쟁을 불러일으켰으며, 일부 소비자들은 S그룹 계열사에 대한 불매운동을 제안하기도 했습니다.

반면, 소비자 우려에 신속하게 투명한 정보를 제공하여 적극적으로 소통한 브랜드는 위기를 기회로 전환하여 기업이미지를 강화할 수도 있습니다. 2020년 초, 유명 화장품 브랜드 메디힐의 마스크팩에서 이물질이 발견되었다는 소비자 불만이 SNS를 통해 빠르게 확산되었습니다.* 초기에는 소수의 불만이었지만, 인스타그램과 트위터를 통해 관련 사진이 공유되면서 큰 논란이 되었습니다. 메디힐은 즉시 공식 채널을 통해 사과문을 발표하고, 해당 제품의 자발적 회수를 진행했습니다. 또한 품질 관리 시스템 전반을 재점검하고 그 과정과 결과를 소비자들에게 투명하게 공개했습니다. 이러한 적극적인 대응으로 메디힐은 초기 위기 상황을 최소화했고, 오히려 책임감 있는 기업으로서의 이미지를 강화할 수 있었습니다. 결과적으로 초기에는 위기로 보였던 사건이 오히려 브랜드에 대한 신뢰를 강화하는 전환점이 되었습니다.

---

* "메디힐 마스크팩 이물질 논란에 공식 사과.", 〈중앙일보〉, 2020. 01. https://www.joongang.co.kr.

소비자의 돈쭐 문화

이처럼 위기 상황에서의 신속한 대응뿐 아니라, 선한 영향력을 실천한 브랜드나 개인에게 소비자들이 자발적으로 보답하는 움직임도 나타나고 있습니다. 대표적인 사례가 바로 '돈쭐' 문화입니다. '돈으로 혼쭐을 내준다'는 뜻의 이 신조어는 선한 행동을 실천한 자영업자나 브랜드에 대해 소비자들이 SNS를 통해 칭찬하고, 실제 매장에 방문해 제품을 구매하거나 온라인 주문을 폭증시키는 방식으로 응원하는 행위를 의미합니다.

이러한 돈쭐 현상의 대표적 기원은 2019년 서울 마포구 상수동의 한 파스타집에서 시작되었습니다. 결식 아동과 관련된 안타까운 뉴스를 접한 식당 사장님은 어려운 형편의 아이들이 배고픔을 견디지 않도록 무료 식사를 제공하는 '선한 영향력 가게' 운동을 자발적으로 시작했습니다. 이 따뜻한 사연은 SNS와 언론을 통해 빠르게 확산되었고 가게에는 돈으로 혼쭐을 내주자는 이른바 '돈쭐' 손님들이 줄을 서면서 이 사장님처럼 아이들에게 무료 식사를 제공하겠다는 가게들이 전국으로 퍼져나갔습니다.*

2021년에는 한 치킨 가게 사장님이 주머니 사정이 어려운 형제에게 무료로 치킨을 제공했다는 사연이 SNS에 소개되면서 며칠

---

* 홍대 진짜파스타 오인태 대표의 '진짜 이야기', 〈아주경제〉, 2019. 07. 15.
https://www.ajunews.com/view/20190715090322638

만에 해당 매장의 주문량이 평소의 몇 배 이상으로 증가하는 '돈쭐' 현상이 일어났고, 결국 일시적으로 영업을 중단해야 할 정도로 폭발적인 반응을 이끌었습니다. 이후에도 지역 언론과 방송을 통해 이 가게는 '착한 가게'의 상징으로 자리 잡았으며, 선한 영향력에 대한 소비자의 자발적 보상 문화로서 '돈쭐'은 하나의 사회적 현상으로 또 한번 주목받게 되었습니다.•

소비자 주도의 응원 문화는 단순한 동정심이 아닌, 선한 영향력을 실천한 이들에게 정당한 보상을 제공하겠다는 의지가 반영된 것으로 볼 수 있습니다. 초연결 사회 속에서 소비자는 단순히 수동적인 수용자를 넘어, 사회적 메시지를 확산하고, 시장의 가치를 직접 결정짓는 주체로서 기능하고 있는 것입니다.

개별 소비자들의 평가가 곧 미디어인 시대

일련의 사례들은 결국 초연결 시대에 소비자가 곧 미디어임을 시사하고 있습니다. 개개인의 목소리가 모여 거대한 메가폰이 되고, 좋든 싫든 기업은 이에 신속히 대응하지 않을 수 없습니다. 이러한 현상은 큰 기업이나 유명한 브랜드에만 국한되지 않습니다. 우리 일상에서 더 쉽게 볼 수 있는 소규모 가게들에서는 소비자 영

• "매출 모아 600만원 기부"…돈쭐난 치킨집 영업 중단 후 근황, 〈매일신문〉, 2021. 03. 16. https://www.imaeil.com/page/view/2021031613242758513.

향력이 더욱 직접적으로 작용합니다. 음식 배달 주문을 할 때 별점이 낮은 식당은 피하거나 리뷰를 유심히 살펴보는 일은 이제 누구에게나 자연스러운 행동입니다. 별 다섯 개 만점에 평균 2~3개에 머문 가게라면 왠지 신뢰가 가지 않아 다른 가게를 찾게 되죠. 온라인 리뷰와 별점 시스템은 소비자들의 선택을 좌우하며, 결국 개별 소비자들의 평가가 모여 한 업체의 매출과 평판을 결정합니다.

제 주변에 실제 자영업을 하는 친구가 있는데 "부정적인 후기 몇 개가 달린 후 한 달간 매출이 20% 감소했다"며 먹고 살기 정말 힘들다고 토로합니다. 이러한 경험은 개인 사업자에게 있어서도 소비자 후기의 영향력이 얼마나 직접적인지 보여줍니다. 물론 고객의 악의적인 갑질에 의한 거짓 리뷰 또한 문제가 되기도 하지만 그 사실을 알 만무하고 무엇보다 먼저 보이는 후기의 영향력은 때론 공포의 대상이기도 합니다.

지역 커뮤니티 기반의 맘카페에서도 이러한 현상은 두드러집니다. 특히 유아동 관련 식당이나 병원, 카페, 키즈카페 등은 맘카페 리뷰 하나로 희비가 엇갈립니다. "아기 의자에 이물질이 있었어요", "사장님이 불친절했어요" 같은 후기가 한 번 올라오면 불매 분위기가 퍼지고 예약 취소가 잇따르기도 합니다. 반면 "아이랑 가기 너무 좋은 곳이에요"라는 후기 하나로 몇십 명의 신규 방문이 생기기도 합니다. 특히 맘카페는 검색 기능이 잘 되어 있어, 후기 하나가 오래도록 '정보 자산'처럼 남아 다른 소비자들의 선택에 큰 영향을 미칩니다.

한국 배달앱 시장에서 별점 0.1의 차이가 매출에 미치는 영향에 관한 2022년 연구에 따르면, 평점이 0.1점 상승할 때마다 매출은 평균 4.6% 증가하는 것으로 나타났습니다.* 특히 패스트푸드 업종에서는 같은 프랜차이즈더라도 별점 차이에 따라 매장별 매출 격차가 최대 30%까지 벌어지는 현상이 관찰되었습니다. 이러한 현상은 글로벌 시장에서도 동일하게 나타납니다.

　하버드 비즈니스 리뷰의 연구에 따르면, 레스토랑 리뷰 사이트인 옐프Yelp에서 별점이 1점 상승하면 매출이 5~9% 증가하는 것으로 나타났습니다.** 온라인 쇼핑에서는 그 영향력이 더욱 두드러져, 아마존에서 별점이 1점 상승한 제품은 판매량이 최대 26%까지 증가한다는 연구 결과도 있습니다. 이처럼 소비자의 영향력은 소규모 가게에서부터 대기업의 브랜드까지 운명 자체를 좌우하는 핵심 변수로 자리매김하고 있습니다.

---

* Korea Distribution Association. Park, Jinwoo et al. "온라인 평점이 음식점 매출에 미치는 영향." Journal of Korea Distribution Science Association, 2022.
** Harvard Business Review. Luca, Michael. "Reviews, Reputation, and Revenue: The Case of Yelp.com." 2016.

AI가 소비자 판단력에 날개를 달다

초연결 시대에 이미 강화된 소비자의 영향력은 AI의 등장으로 더욱 심화되고 있습니다. 스마트폰과 소셜미디어가 소비자의 목소리를 증폭시켰다면, AI는 그 목소리에 분석력과 실행력을 더해 주고 있습니다. 정보의 홍수 속에서 소비자는 더 이상 수동적으로 정보를 흡수하지 않고, AI를 활용해 자신이 원하는 방식으로 정보를 요약하고, 비교하고, 평가하며 능동적으로 판단합니다.

특히 2023년을 기점으로 생성형 AI가 대중화되면서 소비자의 정보 탐색 방식은 구조적으로 변하고 있습니다. 과거에는 포털 검색, 블로그 탐색, 후기 비교 등 복잡한 단계를 거쳐야 했던 정보 수집 과정이 이제는 "이 제품의 단점은?", "비슷한 가격대 대체 제품은?", "리뷰 요약해 줘"와 같은 질문 한 줄로 압축됩니다. 미국의 인텔리어스Intellias 조사에 따르면, 소비자의 42%가 이미 생성형 AI를 쇼핑 의사결정에 활용하고 있으며, 이 비율은 특히 밀레니얼 및 Z세대에서 60%에 근접하고 있는 것으로 나타났습니다.•

국내에서도 이런 흐름에 발맞춰 AI 기반 소비자 의사결정 지원 도구의 활용이 급증하고 있습니다. 2023년 하반기 출시된 네이버

• "U.S. Consumers Believe AI-powered Pricing and Promotions Add the Most Value to Their Buying Journeys; Research by Intellias Reveals", 〈Intellias〉, 2021. 01. 24. https://intellias.com/u-s-consumers-believe-ai-powered-pricing-and-promotions-add-the-most-value-to-their-buying-journeys-research-by-intellias-reveals/?utm_source=chatgpt.com.

의 '쇼핑 어시스턴트'는 이용자가 제품 검색 시 선호 조건과 예산을 입력하면 실시간으로 가장 적합한 제품을 추천해 주는 서비스로, 출시 6개월 만에 월간 활성 사용자 수 300만 명을 돌파했습니다.

소비자의 권한을 강화시키는 어시스턴트로서의 AI

소비자의 구매 여정 전반에서 AI가 실시간으로 작동하는 사례도 증가하고 있습니다. 미국 유통업체 '노드스트롬Nordstrom'은 소비자의 클릭 패턴, 장바구니 이동, 시간대별 반응 데이터를 AI가 분석해 개인별 쇼핑 어시스턴트 역할을 수행합니다.[*] 소비자는 자신의 행동을 바탕으로 맞춤형 제품 추천, 재입고 알림, 할인 타이밍 제안을 받으며, 보다 능동적이고 효율적인 구매 결정을 할 수 있게 되었습니다. 개인화된 AI 지원은 단순한 편의성 증진을 넘어, 소비자가 자신의 필요와 선호에 가장 적합한 선택을 할 수 있도록 돕는 역할을 합니다. 또한 AI가 단순한 기술적 도구를 넘어 소비자의 구매 의사결정 과정을 근본적으로 변화시키고 있음을 보여줍니다.

금융 분야에서도 변화는 뚜렷하게 나타나고 있습니다. 국내 서비스인 뱅크샐러드는 사용자의 소비 내역, 자산 현황, 금융 상품

• Forbes. "How Nordstrom Uses AI to Personalize Shopping." 2023. https://www.forbes.com.

가입 정보를 AI가 분석하여 신용카드, 예·적금, 보험, 대출 등 맞춤형 금융 상품을 추천해 줍니다. 단순히 금리나 혜택만 비교하는 것이 아니라, 사용자의 소비 성향과 라이프스타일에 가장 적합한 금융 조건을 안내해 줌으로써, 복잡한 금융 환경에서 소비자가 합리적인 결정을 내릴 수 있도록 돕는 디지털 조력자 역할을 합니다.

유럽의 스타트업 '에어헬프AirHelp'는 항공편 지연·취소 시 발생할 수 있는 보상청구 절차를 AI가 대신 진행해 주는 서비스로 유명합니다. 복잡한 국제 항공법과 각 항공사의 약관을 AI가 분석하여, 소비자가 보상을 받을 가능성이 높은 경우 자동으로 클레임을 접수합니다. 덕분에 많은 소비자들이 과거에는 인지조차 하지 못했던 권리를 실제로 행사하게 되었습니다.

이러한 변화는 <u>소비자의 역할을 '정보 수집자'에서 '권리 행사의 주체'</u>로 전환시키고 있으며, 더 나아가 AI를 통해 소비자 개인이 브랜드를 감시하고 모니터링하는 능력까지 갖추게 만들고 있습니다. 예컨대, 소비자는 AI를 활용해 브랜드의 리뷰 데이터를 감성 분석하거나, 소셜미디어 상의 여론 흐름을 파악하여 특정 브랜드의 사회적 평판을 보다 정확히 인지할 수 있습니다. 이제는 광고 문구나 마케팅 수사보다, AI가 요약해 준 '진짜 고객의 목소리'를 더 신뢰하는 소비자가 늘고 있습니다.

AI는 소비자가 보다 정교하고 능동적인 결정을 내릴 수 있도록 도와주는 '결정의 1차 필터'로 기능하면서, 소비자의 '지식과 판단의 힘'을 급격히 강화하고 있습니다. 중요한 점은 이러한 변화가

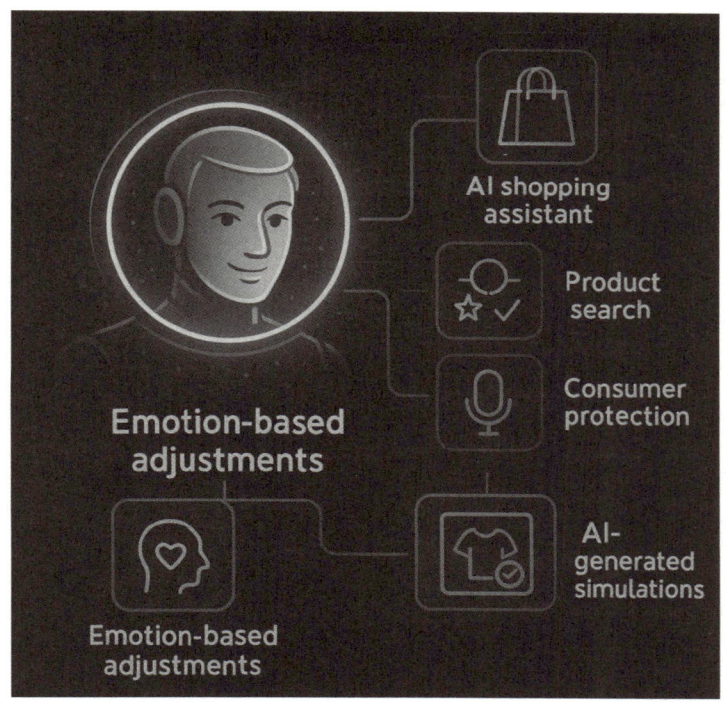

그림 4. AI로 만든 AI 비서 서비스

단순히 소비자와 기업 간 힘의 균형을 이동시키는 것을 넘어, 양측 간의 소통 방식과 신뢰 체계를 근본적으로 재편하고 있다는 것입니다.

소비자는 더 이상 수동적인 존재가 아닙니다. AI를 통해 의견을 정제하고, 실시간으로 브랜드에 영향력을 행사하며, 실질적인 행동 변화를 이끌어내는 적극적 참여자입니다.

신뢰의 중심 이동: 기업 브랜드에서 퍼스널 브랜드로

마케팅 신뢰의 중심은 브랜드보다 개인

초연결 시대의 소비자 영향력과 AI가 가속화한 정보 민주화의 결합은 마케팅 패러다임의 근본적인 변화를 요구했습니다. 이제 우리는 브랜드보다 개인이 신뢰의 중심에 서는 현상을 명확히 목격하고 있습니다. 이러한 변화는 단순한 트렌드가 아닌, 디지털 기술이 재편한 새로운 시장 질서의 핵심 특성입니다.

2024년 에델만 트러스트 바로미터에 따르면, '나와 비슷한 일반인'의 메시지를 신뢰한다는 응답은 63%인 반면, 기업 CEO의 메시지를 신뢰한다는 응답은 43%에 그쳤습니다. 이 20%p의 격차는 5년 전 8%p에서 크게 확대된 수치입니다. 이 데이터는 신뢰의 중심이 얼마나 급격하게 이동하고 있는지를 수치로 보여줍니다.*

특히 콘텐츠를 직접 제작하고 대중의 신뢰를 얻은 인플루언서들의 부상입니다. 예를 들어, 국내 테크 리뷰어 IT잇섭은 약 300만 명의 유튜브 구독자를 보유한 국내 대표 테크 리뷰어로, 신제품 리뷰나 비교 콘텐츠를 통해 소비자들의 구매 결정에 영향을 주고 있습니다. 그의 영상은 종종 제품 출시 초기의 소비자 반응 형성에

---

* Trust Barometer 2024: Navigating in a Polarized World, 〈Edelman〉, 2024. https://www.edelman.com/trust.

그림 5. ITSUB 유튜브 화면

중요한 역할을 합니다.

약 200만 명의 유튜브 구독자를 보유한 신사임당은 금융 전문 인플루언서로, ETF나 주식 등 금융 상품에 대한 정보를 쉽게 풀어 설명하는 콘텐츠로 주목받고 있습니다. 그의 추천은 투자자들 사이에서 '신사임당 효과'로 불리며, 특정 종목이나 상품에 대한 관심도를 높이는 데 기여하면서 사회초년생이나 초보투자자들에게 큰 인기를 얻었습니다.

이러한 흐름은 특정 분야의 전문가에만 국한되지 않습니다. 예컨대, 육아와 교육 분야에서는 맘카페나 인스타그램에서 왕성히 활동하는 일반 엄마들의 콘텐츠가 소비자 리뷰 이상의 영향력을 발휘하고 있습니다. 이들은 제품을 단순히 사용해 본 소비자가 아니라, 동일한 삶의 맥락 속에서 공감할 수 있는 '생활 전문가'로서 인식됩니다. 기업이 수억 원을 들여 만든 광고보다, 실제 엄마가 사용 후기에 쓴 한 줄의 글이 더 큰 파급력을 가지는 시대가 된 것입니다.

<u>퍼스널 브랜드의 영향력은 단순히 많은 팔로워 수에서 오는 것이 아니라, 전문성과 진정성에 기반한 신뢰도에서 비롯됩니다. 그렇기 때문에 소비자들은 기업의 마케팅 메시지보다 같은 소비자 입장에 서 있는 이들의 의견을 더 가치 있게 여기는 경향이 있습니다.</u> 이는 기업과 소비자 간의 전통적인 권력 구도가 근본적으로 변화하고 있으면서 소비자들이 더이상 기업의 일방적인 메시지를 신뢰하지 않는다는 반증이기도 합니다.

오랫동안 마케팅의 중심에는 브랜드가 있었습니다. 기업들은 TV 광고, 옥외 광고판, 스포츠 스폰서십 등에 막대한 예산을 투입해 브랜드 이미지를 구축했고, 소비자들은 공식적인 메시지를 수용했습니다. 그러나 현대 소비자들은 기업의 광고보다 친구나 동료 또는 '나와 비슷한 사람'의 의견을 훨씬 더 신뢰합니다.『보라빛 소가 온다』,『This is Marketing』으로 유명한 비즈니스 전략가 세스 고딘Seth Godin은 "사람들은 브랜드가 아닌 사람을 신뢰합니다. 브랜드는 제품을 판매하지만, 사람은 이야기와 경험을 공유합니다"라고 말하며 이러한 변화를 정확히 짚어냈습니다.

소비자 영향력 확대에 눈치 빠른 기업들 역시 발 빠르게 대응하고 있습니다. 많은 국내 대기업들은 홍보팀의 구성을 기존 언론 대응에서 소셜미디어팀, 인플루언서 협업팀 등으로 다양화하고 있습니다. 실제 얘기를 들어 보니 "과거에는 광고와 언론 홍보에 예산의 80%를 사용했지만, 지금은 소셜미디어 모니터링과 인플루언서 협업에 50% 이상을 투자한다"고 귀띔했습니다.

예들 들어 삼성전자는 2022년부터 '갤럭시 크리에이터스' 프로그램을 통해 일반 소비자와 인플루언서들을 적극 지원하고 있습니다. 이들이 제품을 체험하고 자유롭게 콘텐츠를 생산하도록 함으로써 정형화된 광고보다 더 진정성 있는 메시지를 전달하고 있습니다. 이 프로그램을 통해 생성된 콘텐츠는 전통적인 광고 캠페인보다 참여율이 3배 이상 높았다고 합니다. 스타벅스의 경우 역시 '마이 스타벅스 아이디어'라는 플랫폼을 통해 소비자들이 직접 제품과 서비스 개선에 참여할 수 있도록 하고 있습니다. 이 플랫폼에서 제안된 아이디어 중 '뱅쇼 티'와 같은 인기 메뉴가 탄생했고, 리유저블 컵 정책 같은 주요 결정에도 소비자 의견이 반영되었습니다.

흥미로운 점은 인플루언서 마케팅 시장이 최근 '메가 인플루언서'에서 '마이크로'나 '나노 인플루언서'로 중심이 이동하고 있다는 것입니다. 화장품 브랜드 글로시에Glossier는 이러한 트렌드를 선도적으로 반영한 사례입니다. 글로시에는 전통적인 유명인 마케팅 대신, 일반 고객 중 브랜드 애호가들을 '글로시 엠버서더'로 임명하는 전략을 채택했습니다. 이들은 자신의 작은 커뮤니티 내에서 제품을 진솔하게 소개하며, 메가 인플루언서보다 2~3배 높은 참여율과 구매 전환율을 보여주었습니다. 2023년 기준으로 글로시에는 디지털 마케팅 예산의 약 30%를 이 같은 인플루언서 협업과 소셜 미디어 캠페인에 집중 투자하고 있으며, 이러한 전략 덕분에 전체 온라인 매출과 웹사이트 트래픽의 약 70%가 입소문과 인플루언서 마케팅에서 비롯된 것으로 나타났습니다.*

소비자들이 광고성 콘텐츠와 협찬 표기가 넘쳐나는 환경 속에서 이러한 변화는 더 이상 '팔로워 수가 많은 사람'이 아닌, 자신과 유사한 삶의 맥락 속에서 경험을 공유하는 사람에게 더 큰 신뢰를 보내고 있음을 보여줍니다. 거대한 팔로워 수보다 깊은 신뢰 관계를 구축한 개인의 가치가 더욱 중요해진 것입니다.

이런 시대적 흐름에 발맞춰 AI는 개인 중심의 신뢰 경제를 더욱 촉진하고 강화하는 핵심 기술로 부상하고 있습니다. AI는 특히 다음의 3가지 방식으로 개인의 영향력을 뒷받침하며, 디지털 환경에서의 신뢰 구조를 근본적으로 변화시키고 있습니다.

개인의 영향력을 받쳐 주는 AI의 3가지 방식

첫째, 개인화된 추천 알고리즘은 사용자가 관심을 보이는 개인 창작자의 콘텐츠를 지속적으로 노출시킵니다. 이는 <u>브랜드보다 개인과의 관계를 강화하는 선순환</u>을 만듭니다. 틱톡의 '포 유

---

* "Glossier Marketing and The Value of Customer-Led Growth", 〈extole〉, 2024. 07. 11. https://www.extole.com/blog/glossier-marketing-how-the-beauty-brand-used-word-of-mouth-to-shake-up-the-industry/?utm_source=chatgpt.com.

'For You' 페이지가 팔로워 수보다 콘텐츠 품질과 관련성을 우선시하는 알고리즘을 통해 무명의 개인 창작자가 하룻밤 사이 스타가 되는 현상이 이를 증명합니다. 예를 들어, 벨라 포치Bella Poarch는 2020년 단 한 편의 립싱크 영상으로 일약 스타가 된 인물입니다. "M to the B"라는 음원에 맞춰 단순한 표정 변화만 담은 이 영상은 TikTok 역사상 가장 많은 '좋아요'를 받으며 플랫폼 내 알고리즘에 의해 폭발적으로 확산되었습니다. 당시까지만 해도 거의 알려지지 않았던 그녀는 이 콘텐츠 하나로 수천만 팔로워를 확보했고, 이후 워너 레코드Warner Records와 계약하며 정식 아티스트로 데뷔했습니다.

둘째, AI 콘텐츠 제작 도구가 개인의 콘텐츠 생산 능력을 획기적으로 향상시키고 있습니다. 브랜드와 개인 창작자 간의 품질 격차는 점차 줄어들고 있으며, 이는 개인의 영향력을 더욱 강화합니다. 생성형 AI를 활용하면 개인도 전문 마케팅팀 수준의 콘텐츠를 제작할 수 있게 되었습니다. 비전문가도 AI의 도움으로 고품질 이미지, 영상, 글을 만들 수 있게 되면서 <u>콘텐츠 제작의 민주화가 가속화</u>되고 있습니다. 실제로 최근 조사에 따르면 콘텐츠 크리에이터의 68%가 AI를 활용해 제작 시간을 평균 30% 이상 단축했으며, 이는 개인이 더 많은 콘텐츠를 더 빠르게 생산할 수 있게 만들었습니다.*

---

* AIMatters, "AI와 함께 생각하기: 2024 생성형 AI 보고서", 2024.
https://aimatters.co.kr/news-report/ai-report/2371

셋째, AI 감성 분석은 진정성을 더 정확히 판별할 수 있게 합니다. 소비자들은 AI를 통해 브랜드 메시지의 진실성을 더 쉽게 검증할 수 있으며, 이는 개인의 진솔한 경험 공유 가치를 더욱 높입니다.

유투버 '승우아빠'는 전직 셰프의 경력을 바탕으로 가정에서도 따라 할 수 있는 요리 콘텐츠를 꾸준히 제작하며, 현재 200만 명 이상의 구독자를 보유한 영향력 있는 푸드 크리에이터로 성장했습니다. 초창기에는 단순한 요리 영상이 중심이었지만, 이후 AI 기반 편집 도구와 콘텐츠 최적화 기술을 활용해 영상 퀄리티와 노출 효과를 극대화했고, 브랜드와의 협업 기회도 자연스럽게 확장되었습니다. 실제로 많은 소비자들은 대형 식품 브랜드의 광고보다 '승우아빠'의 솔직한 조리 과정과 제품 사용 후기에서 더 큰 신뢰를 느낀다고 말합니다.

이러한 AI의 영향은 단순히 마케팅 전술의 변화가 아닌, 정보와 신뢰의 흐름 자체를 재구성하는 근본적 변화를 가져오고 있습니다. 알고리즘의 발전이 계속될수록 개인 중심 경제는 더욱 강화될 것입니다.

다양한 시장 조사 기관의 보고서에 따르면, 2024년 글로벌 인플루언서 시장 규모는 약 200억 달러로 추정되며, 향후에도 꾸준한 성장이 예상됩니다. 특히 주목할 점은 팔로워 10만 명 이하의 마이크로 및 나노 인플루언서들이 높은 참여율과 영향력을 바탕으로 인플루언서 마케팅 시장에서 중요한 역할을 하고 있다는 것입니다. 이는 대형 셀럽보다 '평범한 개인'의 영향력이 더 커지고 있음을 보여주는 중요한 지표입니다.

이러한 변화는 필연적으로 '퍼스널 브랜딩'의 중요성을 부각시켰습니다. 국내 취업 플랫폼 '원티드'의 2023년 조사에서는 Z세대 직장인의 73%가 "업무와 별개로 퍼스널 브랜딩 활동을 하고 있다"고 답했으며, 이들 중 56%는 이러한 활동이 "직업적 성공과 기회 확대에 도움이 된다"고 응답했습니다.[*] 한 대기업 인사담당자는 "이력서를 검토할 때 지원자의 소셜미디어 활동과 온라인 입지를 함께 확인한다"며 "일관된 전문성과 개인 브랜드를 보여주는 후보자가 채용 과정에서 유리하다"고 밝혔습니다. 이처럼 퍼스널 브랜딩은 더 이상 선택이 아닌 필수가 되고 있으며, 온라인 평판은 실질적인 자산이 되었습니다.

AI는 퍼스널 브랜딩의 민주화도 촉진하고 있습니다. 생성형 AI의 등장으로 누구나 전문가 수준의 콘텐츠를 제작할 수 있게 되었으며, 개인의 브랜드 구축에 필요한 진입 장벽은 크게 낮아졌습니다. 심지어 퍼스널 브랜딩 전략 수립까지 AI의 도움을 받는 사례도 증가하고 있습니다. 업계 전문가들은 향후 5년 내에 '디지털 정체성 인증' 시스템이 등장할 것으로 예측합니다. 이 시스템은 개인의 온라인 활동 데이터를 분석해 전문성, 진정성, 일관성을 객관적

---

* "Z세대 직장인의 퍼스널 브랜딩 활동 조사.", 〈Wanted Lab〉, 2023. https://www.wanted.co.kr.

으로 평가하는 지표를 제공할 것입니다. 마치 신용평가처럼 개인의 '브랜드 가치'를 수치화하는 시대가 곧 도래할 수 있습니다.

경영학의 구루 탐피터스는 "우리는 모두 자신의 회사의 CEO입니다. 오늘날 비즈니스 세계에서 우리의 가장 중요한 일은 '당신'이라는 브랜드의 최고 마케터가 되는 것입니다."라고 일갈했습니다. 이제 '나'라는 브랜드를 어떻게 구축하고 관리할 것인가는 단순한 자기 표현의 문제를 넘어, 경제적 가치 창출의 핵심 전략이 되고 있습니다.

제가 링크드인을 하면서 요즘 눈여겨 보고 있는 퍼스널 브랜딩의 이상적인 모습은 신수정 씨라는 KT임원 출신으로 지금은 리더 대상 코칭 전문가로 활동하고 계십니다. 이분은 20년 이상의 기업 경험을 바탕으로 자신만의 독특한 경력 코칭 방법론을 개발했고, 이를 링크드인을 통해 꾸준히 공유해 왔습니다.

주목할 점은 화려한 수사나 과장된 자기 홍보 대신, 실제 경험에서 우러나온 통찰과 구체적인 조언을 제공한다는 것입니다. 때로는 자신의 실패 경험까지 솔직하게 공유하며 진정성을 보여주는데, 바로 이 진정성이 그분의 브랜드 가치를 높이는 핵심 요소가 되었습니다. 그분의 포스팅은 평균 600개 이상의 호응을 받으며, 많은 직장인들에게 실질적인 도움을 주고 있습니다. 신수정 씨의 사례는 퍼스널 브랜딩이 단순한 '셀프 마케팅'이 아닌, 자신의 전문성과 경험을 통해 타인에게 실질적 가치를 제공할 때 진정한 영향력을 갖게 된다는 것을 보여줍니다.

데이터와 알고리즘의 바다 속에서도, 우리는 결국 사람을 찾고 있습니다. AI가 아무리 발전해도, 타인의 진솔한 경험과 감정을 공유하고자 하는 인간의 본성은 변하지 않을 것입니다. 오히려 기술이 고도화될수록, 우리는 더욱 깊이 인간적인 연결을 갈망하게 될 것입니다. 이것이 바로 기업 브랜드보다 퍼스널 브랜드를 신뢰하는 시대의 역설적 아름다움입니다.

브랜드는 스스로를 스토리텔러가 아닌
'스토리 빌더'로 생각해야 합니다.
우리는 콘텐츠의 씨앗을 심고,
커뮤니티가 그것을 키워 나가도록 합니다.

― 에이미 파스칼, 전 소니픽처스 회장

AI 시대,
마케팅의 4P를
다시 쓴다

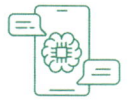

　마케팅은 항상 시대의 기술적 변화에 맞춰 진화해 왔습니다. 그러나 AI의 등장은 단순한 진화가 아닌 혁명적 전환점을 가져왔습니다. 이제 <u>마케팅은 '제품의 가치를 알리는 활동'이라는 협소한 정의를 넘어, 소비자와 브랜드 간의 깊은 관계를 구축하는 총체적 과정으로 확장되고 있습니다.</u>

　50년 넘게 마케팅의 기본 원칙으로 여겨져 온 전통적인 '4P'-제품Product, 가격Price, 유통Place, 홍보Promotion는 이미 구시대 유물로 전락했습니다. 소비자들은 더 이상 기업이 일방적으로 설계한 경험을 수동적으로 받아들이지 않습니다. 그들은 브랜드와 함께 가치를 창조하고, 경험을 공유하며, 때로는 브랜드의 방향성까지 결정하는 적극적인 참여자가 되었습니다. 그들은 '너희는 왜 이 브랜드를 만든 거고 꿈은 뭐니?' 라고 물을 수도 있습니다.

　이 새로운 환경에서 성공하는 브랜드들은 공통적으로 새로운 방식의 '4P'를 실천하고 있습니다. 예측Predictive, 개인화Personalization,

참여Participation, 목적Purpose이라는 4가지 축을 중심으로 그들은 소비자와의 관계를 재구성하고 있습니다. 세상이 아무리 디지털화되어도 결국 마케팅의 본질은 '인간에 대한 이해'입니다.

빅데이터 전문가 송길영 작가는 그의 책 『상상하지 마라』에서 "같은 마케터라도 누구는 기능을 말하고, 누구는 제품을 말하고, 누구는 소비자를 말한다. 이 와중에 소비자도 아닌 인간을 말하는 사람이 있다면 누구도 그를 이기지 못할 것이다"라며 '인간에 대한 이해'를 강조한 바 있습니다.

그리고 AI는 그 이해의 깊이와 폭을 전례 없이 확장시키는 시발점이 되었습니다. 브랜드는 이제 소비자 한 명 한 명의 필요와 감정, 상황을 인식하고 반응할 수 있게 되었습니다. 이는 단순한 기술적 진보가 아니라, 브랜드와 소비자 사이의 관계 자체를 재정의하는 근본적인 변화입니다. 거래에서 관계로, 판매에서 공감으로, 제품에서 목적으로, 이것이 바로 AI 시대 마케팅의 본질적 전환입니다.

그리고 이제 이 새로운 4P는 브랜드뿐만 아니라 '퍼스널 브랜딩'을 하는 개인에게도 똑같이 적용됩니다. AI 시대의 퍼스널 브랜드는 단순히 자신을 표현하는 것을 넘어, 데이터를 기반으로 나를 예측하고, 나답게 조율하고, 공동의 가치를 함께 만들고, 내가 이 일을 왜 하는지에 대한 목적까지 담아야 합니다. 결국 마케팅의 4P는 '개인의 정체성 설계 프레임'이 될 수 있으며, 이는 곧 '브랜드가 된 나'를 지속가능하게 성장시키는 전략적 도구가 됩니다.

예측 기반의 선제적 마케팅 Predictive

AI는 기업에게 미래를 내다보는 능력을 선사했습니다. 알고리즘과 빅데이터는 이제 단순한 분석 도구가 아닌, 시장을 선제적으로 읽고 대응하기 위한 전략의 중심축으로 자리 잡았습니다. 과거 마케팅이 고객의 반응을 측정하고 성과를 평가하는 '사후 분석'에 머물렀다면, 이제는 미래의 소비 행동을 미리 예측하고, 그에 따라 신속하게 움직이는 것이 핵심 역량이 되고 있습니다.

'무엇을 보았느냐'보다 '무엇을 예측하고 실행했느냐'가 더 중요해진 시대입니다. 이런 흐름을 가장 잘읽고 한발 먼저 움직이는 곳은 당연히 기업들입니다. 이들은 고객의 구매 이력, 위치, 시간대, 기후, 심지어 감정 상태까지 반영한 AI 예측 모델을 통해, 개별 소비자가 어떤 순간에 어떤 메시지나 혜택에 반응할 가능성이 가장 높은지를 계산합니다.

현대카드: 고객 데이터 분석을 통해 리텐션율과 반응률 극대화

국내에서 AI에 1조 원 넘게 투자를 하며 발빠르게 움직여 온 현대카드는 고객 데이터를 기반으로 실시간 위치와 날씨 정보를 결합해, 각 고객에게 가장 적절한 혜택을 자동으로 제공하는 시스템을 갖추고 있습니다. 고객의 결제 패턴, 위치 정보, 계절성, 휴일 여부, 심지어는 소셜미디어 상의 감정 키워드까지 분석해 가장 적절한 시점에 최적의 혜택을 제공하는 데 집중하고 있습니다.

예를 들어 비 오는 평일 저녁, 자주 방문하는 카페 인근에 있는 고객에게는 '30분 내 사용 가능한 1+1 쿠폰'이 자동 발송되기도 합니다. 이는 단순한 마케팅 자동화가 아니라, '타이밍'과 '맥락'을 읽어내는 AI의 정교한 판단 결과입니다. 또한 AI 기반 추천 엔진을 통해 고객 개개인에게 맞는 카드 상품과 혜택을 제안합니다. 단순히 카드 혜택을 나열하는 것이 아니라, 고객의 라이프스타일과 지출 성향을 분석해 "당신이라면 이 카드가 가장 잘 맞습니다"라는 맞춤형 메시지를 전달하는 것입니다.

이 과정에서 수백만 건의 거래 데이터가 실시간으로 분석되며, 고객 반응까지 피드백 루프로 학습되어 시스템이 더욱 고도화됩니다. 이러한 기술적 진화는 고객 경험의 수준을 끌어올리는 동시에 마케팅 비용의 효율성까지 극대화시키고 있습니다. 실제로 현대카드는 데이터 기반 마케팅 도입 이후, 고객 리텐션율과 카드 사용 빈도가 유의미하게 증가했으며, 특정 프로모션의 반응률은 기존 대비 2배 이상 향상되었다고 밝히고 있습니다.• AI를 활용한 타이밍 중심의 초개인화 마케팅은 불황 속에서도 순이익과 신용판매액 모두 두 자릿수 성장을 이뤄내며 그 효과를 증명하고 있습니다.

• 현대카드. "빅데이터 기반 맞춤형 혜택 시스템 운영 사례." 현대카드 미디어 센터, 2023.

쿠팡: AI 기반 수요 예측 시스템

국내에서 예측 기술이 가장 극적으로 활용되는 분야는 단연 물류 그중에 '쿠팡'입니다. 대한민국 유통업계를 재편한 쿠팡은 2014년부터 머신러닝 기반 수요 예측 시스템을 도입해 국내 최초의 직접 배송·익일 배송 서비스인 '로켓배송'을 구현했습니다. 이는 단순한 배송 속도의 혁신이 아닌, 소비자의 시간 경험을 재구성한 문화적 혁신이었습니다. 2021년 3월 뉴욕증권거래소에 상장한 쿠팡의 상장보고서에서 우리는 흥미로운 사실을 찾을 수 있습니다. 미국 증권거래위원회에 제출한 S-1서류 내 투자 설명서 요약 Prospectus Summary에서 쿠팡이 로켓배송이 가능하게 된 이유를 2가지로 들고 있습니다.

Forward-deployment. Our technology leverages Machine Learning to anticipate demand and forward deploy the inventory closer to customers for fast delivery nationwide.

우리의 기술은 머신 러닝을 활용하여 수요를 예측하고, 전국적으로 빠른 배송을 위해 고객에게 더 가까운 곳에 미리 재고를 배치합니다

Dynamic Orchestration. Our technology predicts and assigns the fastest and most efficient path for every order out of hundreds of millions of combinations of inventory, processing, truck, and route options within seconds of the order being placed.

> 우리의 기술은 주문이 접수된 후 몇 초 만에 수억 가지의 재고, 처리, 트럭 및 경로 옵션 조합 중에서 가장 빠르고 효율적인 경로를 예측하고 할당합니다.

이처럼 쿠팡은 AI에 진심이었고, 이를 위해 가장 노력한 부분이 적극적인 인재 채용이었습니다. 2025년 보고된 바에 의하면 쿠팡 내부의 개발 인력은 2,500명에 달한다고 합니다.* 쿠팡 직원 수가 1만 1000명 수준이라는 점을 감안하면 상당한 숫자로, 특히 회사 내 글로벌 리크루팅 팀을 따로 둘 정도로 외국인 인재 채용에도 적극적입니다. 결국 개발 인력에 대한 투자는 AI와 로봇 기반의 첨단 물류 체계를 갖추는 밑거름이 됐고 AI 기반 수요 예측 시스템은 향후 고객이 어떤 제품을 언제 주문할지 예측해 사전 재고 배치 및 공급망 최적화를 실현했습니다.

또한 쿠팡은 주문이 들어오는 순간 수억 가지의 재고, 처리, 트럭의 경로 조합 중에서 가장 빠르고 효율적인 경로를 수초 만에 예측하고 배정하는 기술력도 보유하고 있습니다. 고객의 구매 이력, 계절성, 유사 고객군의 행동 데이터를 종합해 수요를 예측하고, 이를 바탕으로 공급망과 물류 인프라를 정밀하게 운영하고 있는 것입니다. 쿠팡이 '빠르다'는 평가를 넘어서 '빠른데 정확하다'는 평

---

* "2025년 개발자 수 2,500명 돌파", 〈쿠팡 뉴스룸〉, 2025. https://news.coupang.com/.

가를 받게 된 배경에는 이러한 예측 기술이 자리하고 있습니다. 그렇게 성장해 온 쿠팡은 2010년 자본금 30억 원으로 창업한 지 불과 14년 만인 2024년 연간 매출 40조 원을 돌파했고, 경쟁사인 신세계그룹(이마트·백화점, 35조 5913억 원), 롯데쇼핑(13조 9866억 원)과도 격차를 더 벌려 유통업계에서 부동의 1위를 달리고 있습니다.

패션 산업: AI를 통한 트렌드 예측, 재고 관리 자동화, 매장 레이아웃 최적화

트렌드 예측이 생명인 패션 산업에서도 AI는 중요한 경쟁력이 되고 있습니다. 소비자의 매장 반응, 소셜미디어 트렌드, 판매 데이터를 수집해 디자인과 생산 전략을 결정하여 초스피드로 시장에 공급하기로 유명한 '자라ZARA'는 AI를 통해 트렌드 예측, 재고 관리 자동화, 매장 레이아웃 최적화를 실현하고 있습니다. 자라의 AI는 소셜미디어와 패션 블로그, 고객 리뷰를 샅샅이 뒤져 다음 트렌드를 빠르게 예측합니다. 인스타그램에서 특정 무늬나 색상이 급속히 주목받고 있다는 신호를 포착하면, 자라는 곧바로 그 요소를 반영한 새 라인을 출시해 "너희가 원하는 게 이거지?"라며 고객들의 마음을 사로잡습니다.

매장 운영에도 AI가 깊숙이 스며들었습니다. 자라의 지능형 재고 관리 시스템은 매장별, 지역별, 시간대별 판매 데이터를 분석하여 놀라울 정도로 정확한 재고 예측을 수행합니다. 서울 강남 매장에서 특정 드레스가 날개 돋친 듯 팔린다면, 시스템은 즉시 해당 지역 생산량을 늘리고 배송 우선순위를 조정합니다. 반면 도쿄 매장에서 인기 없는 상품은 할인을 권장하거나 다른 지역으로 재배치하죠. 이런 정밀한 재고 관리로 자라는 재고 비용을 약 20% 절감하고 품절 상황은 30% 가까이 줄였다고 합니다.* 자라는 RFID 기술과 AI를 결합해 온라인과 오프라인 경험도 매끄럽게 연결했습니다. 앱 사용자가 매장 근처에 오면 실시간 재고 상황을 확인할 수 있고, 원하는 상품이 있는 진열대까지 안내받을 수 있습니다. 온라인에서의 검색 패턴을 분석해 오프라인 매장 방문 시 관심 가질 만한 제품을 추천하기도 합니다.

이러한 예측 마케팅의 공통된 기반은 바로 '다양한 데이터의 연결과 통합'입니다. 단순히 고객의 구매 이력만을 분석하는 것이 아니라 소셜미디어 트렌드, 날씨, 위치 정보, 경쟁사 활동, 웹사이트 행동 기록 등 외부 요인까지 결합해 종합적으로 판단하는 것이 핵심입니다. 중요한 것은 데이터의 '양'이 아니라 '질과 연결성'입니다. 따라서 서로 다른 부서와 채널에 흩어져 있는 데이터를 하나의 흐름으로 엮어내는 것이 무엇보다 중요합니다.

바로 이 지점에서 '데이터 사일로silo'를 허물고 유기적인 통합 시스템을 구축하는 것이 예측 정확도를 좌우하게 됩니다. 한편 예측

- "Annual Report 2023: Data-Driven Retail and AI Integration.", 〈Zara(Inditex)〉, 2023, https://www.inditex.com/.

그림 6. Zara의 AI기반 매장운영 혁신

정보는 빠르게 실행되지 않으면 아무 의미가 없습니다. 매장에서 수집된 데이터가 즉시 디자인팀과 생산팀에 전달되어 신속히 제품에 반영되는 자라처럼, 기업은 예측 데이터를 기반으로 한 신속한 의사결정과 실행 체계를 갖춰야 합니다. 조직 구조와 협업 문화도 이러한 민첩성에 맞춰 유연하게 설계되어야 합니다.

개인 크리에이터와 인플루언서의 예측 마케팅

예측 마케팅은 비단 대기업만의 전략이 아닙니다. 유튜브 채널을 운영하는 크리에이터부터 소셜미디어에서 활동하는 퍼스널 브랜드까지, 누구나 예측 기반 전략을 설계할 수 있는 시대가 되었습니다. AI 기반 분석 툴을 활용해 어떤 콘텐츠가 어떤 시간대에 가장 반응이 좋은지, 어떤 해시태그가 도달률을 높이는지 등을 실시간으로 확인하고 전략을 조정할 수 있습니다. 예를 들어 어떤 유튜버는 영상 주제별 클릭률과 시청 유지율 데이터를 분석해 평일에는 짧으면서 정보 중심의 영상을, 주말에는 감정에 호소하는 스토리텔링 중심의 콘텐츠를 올리는 전략을 세우기도 합니다.

또 어떤 인스타그램 크리에이터는 특정 색감이나 문구 스타일이 좋아요 수에 어떤 영향을 주는지를 A/B 테스트하며 피드를 설계합니다. 이처럼 데이터를 통해 '감'이 아닌 '근거'를 기반으로 전략을 조정하는 습관은 이제 퍼스널 브랜딩의 핵심 역량이 되고 있습니다. 콘텐츠 하나하나가 실험이자 학습의 기회가 되고, 그 결과는 곧바로 다음 콘텐츠에 반영되어 더 나은 반응을 이끌어냅니다. 이제 '데이터 기반 의사결정'은 기업만의 전략이 아니라, 개인의 브랜드 성장에도 결정적인 열쇠가 되고 있는 셈입니다.

과거에는 데이터가 과거를 비추는 거울이었다면, 이제 데이터는 미래를 내다보는 창이 되었습니다. 그리고 이 창을 먼저 들여다보는 사람, 더 빠르게 실행하는 사람이 경쟁에서 앞서 나갑니다. AI 시대는 누가 더 정확히 아는가보다, 누가 더 빠르게 움직이는가가 진짜 경쟁력을 결정짓는 기준이 되고 있는 것입니다.

맥락을 읽는 기술 (초)개인화 (Hyper)Personalization

"복수의 가면을 쓴 초개인화 시대에 기업은 더욱 소비자의 시시각각 변하는 미세한 움직임과 생각을 정조준해야 한다."

– 김난도 교수

AI와 예측 기술이 미래를 선제적으로 읽는 능력을 제공한다면, 개인화는 현재의 순간을 가장 적절하게 해석하고 반응하는 기술입니다. 고객 한 명 한 명의 취향과 상황에 맞는 맞춤형 경험을 제공하는 것은 이제 더 이상 선택이 아닌 필수가 되었으며, 고객은 점점 더 자신에게 '딱 맞는' 브랜드와 콘텐츠만을 기대하고 있습니다.

'개인화Personalization'라는 말은 익숙하지만, 오늘날의 개인화는 과거의 단순한 이름 삽입이나 최근 본 상품을 추천해 주는 수준을 훨씬 뛰어넘고 있습니다. 모든 고객은 단순한 타깃이 아니라, 다른 누구와도 완전히 동일할 수 없는 고유한 존재입니다. 그렇기에 진정한 개인화란 '하나의 콘텐츠를 모두에게'가 아니라, '각 사람에게 가장 적합한 경험'을 설계하는 과정을 의미합니다.

최근 인공지능 기술의 발전은 이러한 개인화 전략을 한 단계 더 진화시켰습니다. 이제는 소비자의 실시간 행동, 감정의 뉘앙스, 위치, 날씨, 시간대, 과거 반응 패턴까지 종합적으로 분석하여, '지금 이 순간, 이 사람이 필요로 할 가능성이 높은 것'을 예측하고 제안할 수 있게 된 것입니다. 이러한 고도화된 개인화를 우리는 '초개인화Hyper-personalization'라고 부릅니다. 초개인화는 단순히 고객의 과거 행동에 기반하여 반응하는 수준을 넘어섭니다. 미래의 잠재적인 니즈까지 선제적으로 예측하고, 고객의 현재 상황과 감정에 민감하게 반응하는 지능적인 기술입니다. 마치 개인화가 '맞춤형' 옷이라면, 초개인화는 고객에게 가장 잘 어울리는 옷을 '입어야 할 바로 그 타이밍'에 맞춰 제시하는 전략과 같습니다.

이러한 초개인화 전략을 일상 속에서 쉽게 체감할 수 있는 대표적인 사례는 바로 아마존Amazon입니다. 아마존은 사용자가 특정 상품 페이지를 보고 있거나, 장바구니에 담긴 상품이 있을 때, 관련 상품이나 함께 구매할 가능성이 높은 상품을 실시간으로 추천합니다. 뿐만 아니라, 사용자의 현재 위치 정보를 활용하여 근처의 할인 상품이나 당일 배송 가능한 제품을 제안하기도 합니다. 흥미로운 점은 날씨 정보까지 고려한다는 것입니다. 비가 오는 날에는 우산이나 레인부츠를, 더운 날에는 선크림이나 휴대용 선풍기를 추천하는 등, 현재 상황에 최적화된 상품 제안을 통해 구매 전환율을 극대화합니다. 아마존의 음성 어시스턴트 알렉사Alexa 역시 사용자의 음성 명령과 과거 상호작용 데이터를 분석하여 개인 맞춤형 정보나 상품을 제공하며 초개인화 경험을 한층 강화합니다.

우리가 일상에서 자주 이용하는 스타벅스Starbucks도 뛰어난 초개인화 전략을 구사합니다. 스타벅스 앱은 사용자의 과거 구매 시간대와 선호도를 정밀하게 분석하여 아침에는 즐겨 마시던 커피

그림 7. 스타벅스 초개인화 서비스

와 샌드위치를, 점심시간에는 새로운 메뉴를 맞춤형 푸시 알림으로 제안합니다. 또한 사용자의 구매 이력, 선호하는 음료나 푸드, 방문 빈도 등을 종합적으로 고려하여 개인에게 최적화된 쿠폰이나 할인 혜택을 제공합니다. 예를 들어 특정 음료를 꾸준히 구매하는 고객에게 해당 음료 할인 쿠폰을 발송하는 방식입니다. 이뿐만 아니라, 사용자의 현재 위치를 기반으로 가장 가까운 매장 정보나 진행 중인 이벤트를 실시간으로 안내하여 고객의 방문을 유도합니다.

　이처럼 초개인화 전략은 이커머스나 F&B 산업뿐만 아니라 금융, 콘텐츠, 엔터테인먼트 등 다양한 분야에서 고객 경험을 혁신하고 기업의 경쟁력을 강화하는 핵심 요소로 자리매김하고 있습니다. 비슷한 방식으로 빅토리아 시크릿Victoria's Secret은 AI 기반 고객 세분화 시스템을 활용하여 이메일 마케팅의 개인화를 고도화했습니다. 단순히 고객 이름을 삽입하는 수준을 넘어서 연령대, 구매 빈도, 선호 상품군, 심지어 고객이 과거에 열람했지만 구매하지 않았던 상품까지 고려해 메시지를 구성합니다.

고객 A에게는 "편안함과 기능성을 겸비한 데일리웨어"를, 고객 B에게는 "감각적인 디테일을 강조한 신제품"을 제안하는 방식입니다. 이러한 맞춤형 커뮤니케이션은 실제 성과로도 이어졌습니다. 빅토리아 시크릿의 AI 기반 이메일 캠페인은 기존 캠페인 대비 클릭률이 17% 증가, 전환율은 3배 이상 상승하는 효과를 거두었습니다.• 이는 '지금 이 고객이 원하는 것'을 정확히 짚어낼 수 있을 때 고객은 단순한 광고가 아니라 자신을 이해하려는 브랜드의 메시지로 받아들인다는 점을 보여줍니다.

이처럼 개인의 행동과 맥락을 실시간으로 파악하고, 적절한 순간에 최적의 제안을 건네는 정밀 맞춤형 전략은 마케팅에서 점점 더 강력한 무기가 되고 있습니다. 고객이 '선택받았다'는 느낌을 받을 때 그 브랜드에 대한 인식은 단순한 편의성을 넘어 신뢰와 감정으로 이어집니다. 일방적인 메시지가 아닌, 나의 필요를 정확히 짚어내는 브랜드는 자연스럽게 고객과의 정서적 연결감을 형성하

• Victoria's Secret. "Hyper-Personalized Campaign Performance Report." Marketing Week, 2023.

게 되며 이는 반복 구매를 넘어 브랜드 충성도, 구전 효과, 나아가 장기적인 팬덤 형성으로까지 확장됩니다.

더 나아가 AI 기반 개인화 기술의 진화는 고객과의 '대화'를 가능하게 합니다. 고객이 어떤 행동을 취했는지를 분석하고, 그에 맞춰 적절한 반응을 제공함으로써 브랜드는 일방적인 메시지 전달이 아닌, 쌍방향 커뮤니케이션을 구축하게 됩니다. 예를 들어, 고객이 쇼핑몰 앱을 열고 특정 제품을 찜해 두었지만 구매하지 않았다면 일정 시간이 지난 후 해당 제품의 리뷰 요약이나 재고 현황, 할인 정보 등을 담은 푸시 알림이 도착합니다. 마치 누군가가 나의 행동을 지켜보다가 가장 필요한 순간에 조언을 건네는 듯한 경험이죠.

이런 맥락 중심 맞춤화 전략은 최근 기업들이 집중하고 있는 핵심 과제 중 하나입니다. 단순히 누가 무엇을 좋아하는지를 넘어서, '어떤 상황에서 그 사람이 어떤 선택을 할 것인가'를 읽어내는 능력, 다시 말해 맥락을 이해하는 지능이 중요해진 것입니다. 예를 들어, 고객이 비 오는 오후 3시에 카페에 앉아 있다는 정보를 바탕으로 즐겨 찾는 브랜드의 책 추천이나 음악 추천이 도착한다면 그것은 정보가 아닌 '배려'로 받아들여집니다. 이처럼 브랜드는 기술을 통해 고객에게 감성적 경험을 설계할 수 있게 된 것입니다.

초개인화 전략의 성공은 기술뿐만 아니라 데이터에 대한 통찰력, 고객 경험에 대한 이해 그리고 윤리적인 데이터 활용에 대한 신뢰 확보가 뒷받침될 때 비로소 완성됩니다. 고객은 자신의 데이터를 제공하는 대신, 자신에게 진짜 도움이 되는 경험을 원합니다. 따라서 브랜드는 기술을 앞세우기보다 '당신을 이해하려는 진심'을 전달해야 합니다. 그러한 브랜드만이 개인화 시대에 진정한 관계를 맺을 수 있습니다.

그리고 이런 AI 기반 초개인화는 기업뿐 아니라 개인에게도 적용됩니다. 퍼스널 브랜딩을 하는 창작자나 프리랜서, 콘텐츠 크리에이터들도 마찬가지입니다. 예를 들어, 자신이 만든 콘텐츠에 대한 반응 데이터를 바탕으로, 어떤 주제가 팔로워와 더 깊게 연결되는지를 파악할 수 있습니다. 텍스트의 문체, 영상의 톤앤매너, 게시 시간대, 사용하는 해시태그와 키워드까지, 하나하나가 모두 실험의 요소이자, 개인화 전략의 키가 됩니다.

데이터 기반의 인사이트는 단순히 콘텐츠의 '성공과 실패'를 판단하는 기준을 넘어, 나만의 정체성과 스타일을 더욱 분명하게 다듬는 데 기여합니다. 타인이 원하는 모습에 휘둘리는 것이 아니라, 나의 진짜 강점이 무엇인지, 어떤 콘텐츠가 나를 가장 나답게 표현해 주는지를 데이터가 알려주는 것입니다.

더 나아가 AI를 통해 구독자 개개인의 취향에 맞춘 뉴스레터를 보내거나, 특정 관심사를 가진 팔로워에게만 맞춤형 콘텐츠를 제안하는 것도 가능합니다. 이제 퍼스널 브랜딩은 더 이상 '모두를 위한 하나'가 아닌 '각 사람을 위한 하나'로 진화하고 있습니다. 결국 초개인화는 '나를 더 깊이 이해하는 기술'이자, '상대와 더 진심으로 연결되는 방식'입니다. 기술이 아무리 정교해져도 그 중심에는 사람과 사람 사이의 신뢰와 공감이 있어야 합니다. 브랜드든 개인이든 '당신을 알고자 하는 노력'에서부터 진짜 관계는 시작됩니다.

소비자 참여와 공동 창작의 시대 Participation

"말해 주면 잊어버리고, 보여 주면 기억하고, 참여시키면 이해한다."

이제 마케팅은 더 이상 브랜드가 일방적으로 메시지를 전달하고, 소비자가 이를 수용하는 방식으로 작동하지 않습니다. AI 기술의 발전과 디지털 플랫폼의 진화는 소비자가 브랜드와 함께 이야기를 만들고, 콘텐츠를 생산하며, 때로는 제품과 서비스의 방향까지 결정하는 시대를 열었습니다. 소비자는 단순한 '구매자'가 아니라 브랜드의 공동 제작자이자 공동 설계자로 자리매김하고 있습니다.

과거의 브랜드는 경험을 '설계'했습니다. 광고 메시지를 정교하게 다듬고, 로고의 색상과 폰트를 일관되게 유지하며, 오차 없이 짜인 경험을 소비자에게 전달하는 것이 브랜드의 임무였습니다. 그러나 초연결 사회와 AI 기술의 진보는 이러한 패러다임을 근본적으로 흔들었습니다. 이제 브랜드가 해야 할 일은 완벽한 경험을 설계하는 것이 아니라 소비자가 자율적으로 참여하고 해석하고 재구성할 수 있도록 '여지를 남기는 것'입니다.

요즘 주목받는 브랜드들의 공통점은 명확합니다. 소비자에게 "이것만 쓰세요"라고 강요하지 않습니다. 대신 "당신 방식대로 바꿔보세요"라고 권합니다. 커피에 시럽을 추가하고, 신발 색상을 커스터마이징하고, 조립 블록으로 자신만의 작품을 만드는 것처럼 <u>소비자가 손을 대고 개입할 수 있는 여지를 준 브랜드들이 더 큰 호응을 얻고 있습니다</u>. 완성된 제품보다 참여할 수 있는 '반제품'이 더 매력적인 시대입니다.

레고LEGO: 소비자 아이디어가 글로벌 베스트셀러로

레고의 'LEGO Ideas' 플랫폼은 소비자 참여와 공동 창작의 가장 성공적인 모델로 평가받고 있습니다. 2008년 '쿠수CUUSOO'라는 이름으로 일본에서 시작된 이 프로그램은 2011년 글로벌로 확장되었고, 2014년 현재의 '레고 아이디어스LEGO Ideas'로 리브랜딩되었습니다. 이 플랫폼의 작동 방식은 소비자 주도적 혁신의 교과서적 사례입니다.

레고 아이디어스의 프로세스는 명확합니다. 먼저 팬들은 자신이 구상한 레고 세트를 상세한 설명과 함께 업로드합니다. 이 아이디어가 10,000명 이상의 지지를 받게 되면, 레고 전문가 패널의 검토 단계로 넘어갑니다. 패널은 디자인의 실현 가능성, 안전성, 시장성 등을 종합적으로 평가하여 실제 제품화 여부를 결정합니다. 최종 선정된 디자인은 레고의 전문 디자이너들과 협업하여 상용

그림 8. **LEGO IDEAS 디자인**

화되고 원작자는 최종 판매 수익의 1%를 로열티로 받게 됩니다.

이 과정을 통해 탄생한 '나사 아폴로 새턴 V호', '중세 대장간', '빅뱅 이론', '공룡 화석' 등의 세트는 단순한 히트를 넘어 레고의 정체성을 확장하는 역할을 했습니다. 특히 2023년 출시된 '재즈 쿼텟' 세트는 30대 음악 애호가가 제안한 아이디어로, 레고의 주 타깃층인 어린이가 아닌 성인 콜렉터 시장을 성공적으로 공략했습니다. 이는 소비자의 아이디어가 브랜드의 새로운 시장 개척으로 이어진 대표적 사례입니다.

레고가 '레고 아이디어스'를 통해 얻는 가치는 단순히 새로운 제품 아이디어를 수집하는 것을 넘어섭니다. 소비자들의 지지도를 실시간으로 확인할 수 있는 시장 테스트 장치로 기능하면서 자체 연구개발 비용 절감뿐만 아니라 혁신적인 아이디어를 확보할 수 있기 때문입니다. 그리고 가장 중요하게는 소비자와의 감정적 유대를 강화하는 커뮤니티를 구축할 수 있다는 점입니다. 현재 레고 아이디어스는 전 세계 100만 명 이상의 적극적인 참여자를 보유하고 있으며, 이들은 단순한 아이디어 제안을 넘어 다른 사용자의 제안에 피드백을 주고, 개선점을 제안하며, 때로는 공동 창작 프로젝트를 진행하기도 합니다. 이렇게 형성된 커뮤니티는 레고의 가장 강력한 브랜드 옹호자advocate가 되어 소셜미디어와 다양한 채널에서 레고의 가치를 자발적으로 전파하고 있습니다.

레고는 소비자를 단순한 구매자가 아닌 공동 창작자로 끌어들이며, 브랜드와 소비자 사이의 새로운 관계를 정립하고 있습니다. 왜 레고가 지금까지 많은 아이들뿐만 아니라 어른들의 사랑까지 받는지 충분히 알 수 있습니다.

나이키Nike: 팬과 함께 완성하는 캠페인

나이키는 소비자 참여형 브랜딩의 선구자적 존재입니다. 1999년 시작된 'Nike ID(현재는 'Nike By You'로 변경)'는 소비자가 자신만의 신발을 디자인할 수 있는 커스터마이징 서비스로 당시로서는 혁신적인 접근이었습니다. 그러나 나이키의 진정한 참여형 마케팅 전환점은 2020년 팬데믹 시기에 진행된 'You Can't Stop Us' 캠페인에서 찾을 수 있습니다.

이 캠페인은 전 세계가 코로나19로 인해 사회적 거리두기를 실

그림 9. Nike 'You Can't Stop Us' 캠페인

시하던 시기, 스포츠와 신체 활동의 중단에 직면한 상황에서 시작되었습니다. 나이키는 홍보 영상을 직접 제작하는 대신, 전 세계 일반인들에게 "운동을 멈추지 않는 당신의 이야기를 공유해 달라"고 요청했습니다. 그 결과 제출된 수천 개의 영상과 이미지는 단순한 광고 소재를 넘어, 팬데믹 시대를 살아가는 인류의 회복력과 끈기를 보여주는 감동적인 기록물이 되었습니다.

이 캠페인의 핵심은 사용자 생성 콘텐츠UGC의 적극적 활용에 있었습니다. 일반인들이 집 거실에서, 좁은 발코니에서, 또는 텅 빈 공원에서 운동하는 모습들이 나이키의 공식 채널을 통해 공유되었습니다. 전문 스포츠 스타가 아닌, 평범한 사람들의 진솔한 모습이 브랜드의 핵심 메시지를 전달하는 주역이 된 것입니다.

이 캠페인의 결과는 놀라웠습니다. 캠페인 영상은 공개 24시간 만에 3,200만 뷰를 기록하며 큰 반향을 일으켰고, 소셜 미디어 참여율은 300% 증가했습니다. 또한 나이키의 디지털 매출은 2020년 2분기에 전년 대비 82% 증가했으며, Nike Training Club 앱의 다운로드 수는 800% 이상 증가했습니다.[*]

'You Can't Stop Us' 캠페인의 성공 이후 나이키는 소비자 참여 전략을 더욱 확장했습니다. 2022년 출시된 '나이키 스니커즈^{Nike SNKRS}' 앱의 새로운 기능 중 하나인 'Community Collections'는 일반 사용자들이 큐레이션한 스니커즈 콜렉션을 공유하고, 이를 다른 사용자들이 참고할 수 있도록 했습니다. 이는 제품 추천이라는 브랜드의 핵심 기능을 소비자에게 일부 이양한 사례입니다.

나이키의 디지털 이노베이션 책임자 론 프리츠^{Ron Faris}는 "우리는 더 이상 제품을 판매하는 회사가 아닙니다. 우리는 사람들이 자신의 잠재력을 발휘할 수 있도록 돕는 플랫폼입니다. 그리고 그 여정에서 소비자는 단순한 고객이 아닌, 우리와 함께 브랜드 스토리를 써 나가는 공동 창작자입니다"라고 밝혔습니다. 나이키는 이러한 참여형 마케팅을 통해 단순한 스포츠 용품 회사에서 글로벌 커뮤니티 플랫폼으로 자신의 정체성을 확장하는 데 성공했습니다. 2025년 기준 나이키의 소셜미디어 팔로워는 3억 명 이상으로, 이는 단순한 팬이 아닌 브랜드의 메시지를 적극적으로 소비하고 재

---

* "Nike's "You Can't Stop Us" Ad: Seamless Storytelling Through Split Screen", 〈링크드인〉, 2024. 11. 27. https://www.linkedin.com/pulse/nikes-you-cant-stop-us-ad-seamless-storytelling-through-hassan-909ye.

생산하는 참여자들로 구성되어 있습니다.

  소비자는 브랜드를 관람하는 '관객'이 아니라, 브랜드의 메시지를 직접 빚어내는 '연출자'로 기능할 수 있습니다. 마치 브랜드가 하나의 무대라면, 이제는 소비자가 그 무대 위에서 함께 대사를 쓰고, 장면을 연출하며, 심지어 연출 방향을 조율하는 동료가 되는 것입니다.

테슬라Tesla: 소비자가 움직이는 브랜드

  테슬라는 소비자 참여형 브랜딩의 가장 혁신적인 사례입니다. 대부분의 자동차 제조사들이 매년 수십 억 달러의 광고비를 지출하는 반면, 테슬라는 창업 이래 전통적인 의미의 광고에 거의 비용을 들이지 않는 '제로 광고Zero-Dollar Ad Budget' 전략을 고수해 왔습니다. 2023년 기준으로도 테슬라의 공식 마케팅 예산은 경쟁사의 10분의 1 수준에 불과합니다. 그럼에도 불구하고 테슬라는 세계에서 가장 가치 있는 자동차 브랜드 중 하나로 성장했습니다. 테슬라의 소비자 참여 전략은 소비자 중심의 제품 개발, 사용자 생성 콘텐츠 활용 그리고 투명한 소통을 통한 신뢰 구축으로 이루어집니다.

  테슬라는 차량을 단순한 하드웨어가 아닌 지속적으로 발전하는 소프트웨어 플랫폼으로 접근합니다. 2012년부터 시작된 무선 소프트웨어 업데이트OTA는 이제 테슬라의 상징이 되었으며, 이 업데이트의 상당수가 소비자들의 제안과 피드백에서 비롯됩니다.˙ '도그 모드Dog Mode'는 차량 내부에 반려동물을 남겨둘 때 적정 온도를 유지하고 외부에 안전 메시지를 표시하는 기능으로, 한 트위터 사용자의 아이디어에서 시작되었습니다. 테슬라 오너가 "반려견을 위한 모드가 있으면 좋겠다"는 트윗을 올린 지 불과 6개월 만에 이 기능은 전 세계 테슬라 차량에 적용되었습니다.

 CEO 일론 머스크는 2억 명이 넘는 X(구 트위터) 팔로워와 직접 소통하며, 사용자들의 제안에 실시간으로 반응하는 것으로 잘 알려져 있습니다. 그는 단순히 정보를 전달하는 것을 넘어, 테슬라 오너들과의 상호작용을 제품 개선에 적극 반영해 왔습니다. 예를 들어, 2019년 한 사용자가 트위터에서 와이퍼 속도 조절 UI 개선을 요청하자, 머스크는 "좋은 생각이네요. 다음 업데이트에 반영하겠습니다"라는 답글을 남겼고, 이후 테슬라는 실제로 'Deep Rain'이라는 AI 기반 자동 와이퍼 시스템을 도입했습니다. 이 기능은 차량의 오토파일럿 카메라를 활용해 강수량을 감지하고 와이퍼 속도를 자동으로 조절하는 방식으로, 사용자 피드백을 토대로 개선된 대표적 사례로 꼽힙니다.

 머스크와의 직접적인 소통은 테슬라 오너들에게 단순한 고객을 넘어 브랜드 발전에 기여하는 '참여자'라는 강한 소속감을 제공합

---

* "Zero Dollar Ad Budget & OTA Feedback Strategy.", 〈Tesla Investor Relations〉, 2023. https://ir.tesla.com/.

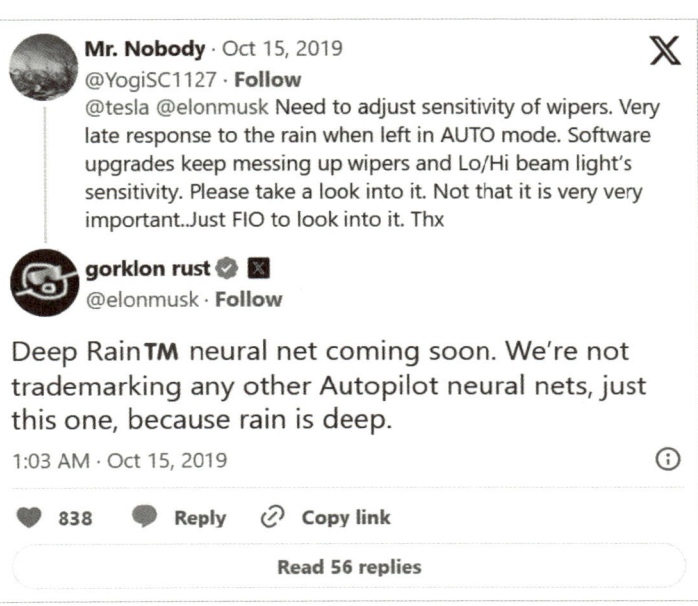

그림 10. Elon Musk X(구 트위터)

니다. 테슬라의 또 다른 강점은 열성적인 오너들이 생산하는 방대한 양의 콘텐츠입니다. 유튜브에는 200만 개가 넘는 테슬라 관련 동영상이 있으며, 'Tesla Owners Online'은 40만 명 이상의 회원을 보유한 자생적 커뮤니티로 활발하게 운영되고 있습니다. 이러한 콘텐츠는 테슬라 차량의 숨겨진 기능, 최적화 팁, 유지보수 방법 등을 상세히 공유하며, 공식 교육 자료보다 더 실용적인 정보를 제공하기도 합니다. 이는 테슬라가 수백만 달러를 들여 제작했을 마케팅 자산을 무료로 확보하게 해줍니다.

이러한 전략의 결과 2023년 테슬라는 미국 자동차 시장에서 가장 강력한 고객 충성도를 기록했습니다. 데이터 분석 기관 엑스피리언Experian에 따르면, 테슬라 차주들의 재구매율은 무려 74.7%에 달했으며, 이는 단순한 선호를 넘어 브랜드에 대한 깊은 신뢰와 애착을 보여주는 수치입니다.

테슬라의 전략은 자동차 산업 전반에도 큰 영향을 미쳤습니다. 폭스바겐, 포드, GM 등 전통적인 자동차 제조사들도 점차 소비자 참여형 전략을 도입하고 있으며, 무선 소프트웨어 업데이트와 같은 테슬라의 혁신적 접근법을 모방하고 있습니다. 일론 머스크는 2020년 주주 미팅에서 이렇게 말했습니다. "우리는 광고에 돈을 쓰지 않습니다. 대신 더 좋은 제품을 만드는 데 집중합니다. 우리 고객들이 테슬라의 진정한 마케팅 부서입니다."

이 간결한 문장은 참여와 공동 창작을 중심으로 하는 AI 시대 브랜딩의 본질을 정확히 포착하고 있습니다. 중요한 점은 이러한 소비자 참여가 단순한 일회성 이벤트로 그치지 않는다는 데 있습니다. 소소한 댓글, 리뷰, 공유, 개선 요청 등 소비자의 작은 참여가 쌓여 브랜드의 미래 방향성을 좌우하는 힘으로 작용합니다. 브랜드 입장에서는 이 참여를 어떻게 인식하고, 얼마나 진정성 있게 반영하느냐가 점점 더 중요해지고 있습니다.

- Experian, "When a Brand Becomes Its Own Worst Enemy: Tesla's Reputation Reckoning", Inspira Marketing, 2023.

나라는 브랜드, 함께 빚어가는 서사

앞으로의 마케팅 전략은 거대한 메시지보다, 수많은 '작은 순간 micro-moments'의 축적을 통해 브랜드 경험을 쌓아가야 합니다. AI는 이 순간들을 감지하고, 연결하고, 맞춤화할 수 있는 파트너이며, 소비자는 이 순간들을 통해 브랜드와 정서적으로 교감하게 됩니다. 한 사람의 경험이 순식간에 수천만 명에게 전달되는 이 시대에 소비자의 자율성과 참여야말로 브랜드의 가장 강력한 성장 동력입니다. 브랜드는 더 이상 소비자를 통제의 대상이 아닌 창작의 파트너로 보아야 합니다. 그리고 그 관계는 일방적인 제공이 아닌, 함께 만드는 공존의 구조 속에서 더욱 깊어질 것입니다.

브랜드의 변화는 더 이상 기업만의 이야기가 아닙니다. 개인도 하나의 브랜드로 살아가는 시대에 접어들었고, 그 브랜드를 구축하고 전하는 과정 역시 공동 창작의 방식으로 전개되고 있습니다. 완성된 메시지를 일방적으로 전달하는 것이 아니라, 팔로워와의 대화 속에서 방향이 정해지고, 구독자의 피드백 속에서 색깔이 정제되는 '함께 만드는 이야기'로 진화하고 있습니다. 테슬라의 일론 머스크가 트위터에서 사용자들과 실시간으로 소통하며 제품 개선점을 찾아내는 것처럼, 어떤 크리에이터는 구독자의 요청을 바탕으로 콘텐츠 주제를 선정하고, Q&A와 댓글 소통을 통해 자신만의 언어를 다듬습니다. 최근에는 '구독자 미션', '함께 만드는 브이로그', '팬이 만든 썸네일 투표'처럼 창작의 일부를 팔로워에게 열어

놓는 참여형 포맷도 점점 늘고 있습니다.

이제 우리는 단순히 소비되는 이미지로 존재하지 않습니다. 상호작용 속에서 끊임없이 수정되고, 확장되며 진화하는 하나의 브랜드 정체성으로 자리매김하고 있습니다. 이 과정은 마치 브랜드가 소비자의 이야기로 완성되듯, 나라는 브랜드 역시 타인의 참여와 공감 속에서 조금씩 완성되어가는 존재임을 말해줍니다. 결국 '참여'는 브랜드의 일이자, 개인의 일이기도 합니다. 그리고 그 참여는 콘텐츠를 넘어, 정체성과 관계의 방식 자체를 다시 정의하고 있습니다. 기업이 소비자와 함께 브랜드를 만들어가듯, 우리는 구독자, 팔로워, 관객과 함께 '나'라는 이야기를 공동 집필하는 시대에 살고 있는 것입니다.

결국 AI 시대의 브랜드는 더 많이 말하는 존재가 아니라, 더 잘 듣고, 더 잘 연결하고, 더 잘 조율하는 존재가 되어야 합니다. '혼자 설계하지 말고 참여시키고 함께 만드는' 그것이 바로 AI 시대 브랜드의 새로운 미션입니다.

이 글을 쓰다 보니 문득 2007년 송년에 본 한 기업의 신문광고를 되돌아 보게 됐습니다. 카피가 너무 좋아서 관련 신문을 오려서 보관까지 했었는데 18년이 지난 지금, 이 광고카피는 이 시대 브랜드의 새로운 역할을 다음과 같이 예견하고 있었습니다.

일 년이 한편의 영화라면, 지금은 마지막 장면.
천천히 어두워지는 화면 위로 등장인물과 제작진의 이름을 올릴 시간입니다.

주인공인 '나'와 조연배우들 그리고 '나의 2007년'이란 영화가 있게 한 당신들의 이름을 저물어가는 하늘에 자막으로 띄울 시간입니다.

출연료 한 푼 받지 않고 사랑과 우정과 믿음을 보여준 당신들.
아버지 장우성, 어머니 임정란, 아내 윤승혜, 친구 박현준, 나대원…
말없이 새벽길을 열어주고 묵묵히 밤길을 밝혀준 당신들.
미화원 김태현, 교통경찰 황경진, 버스기사 우경록, 동네청년 구근철…
'장소협찬'과 '제작지원'도 빠뜨릴 수 없지요. 종점식당, 화평세탁소, 골목호프…

당신들 덕분에 2007년은 잊지 못할 영화가 되었습니다.
당신은 내 영화를 만들고 나는 당신의 영화를 만들었습니다.
우리는 공동제작자입니다.

— SK텔레콤 2007년 송년 신문광고 카피

브랜드의 목적과 사회적 가치 Purpose

목적 없는 브랜드는 기억되지 않는다

예측 Predictive, 개인화 Personalization, 참여 Participation가 브랜드와 소비자의 관계를 형성하는 방식이라면, 목적 Purpose은 그 관계의 근본적인 '이유'를 제공합니다. 이 마지막 P는 앞의 3가지 전략이 향해야 할 궁극적인 방향성입니다.

기업과 조직의 성공을 위한 핵심 가치 'WHY'에 대한 TED 강의로 5천 8백만 뷰를 기록하며 신드롬을 일으킨 작가 사이먼 시넥 Simon Sinek은 "위대한 리더와 영감을 주는 조직은 항상 '왜 Why'에서 시작한다"고 강조했습니다.

대부분의 기업들이 '무엇을 What' 하는지, '어떻게 How' 하는지에 집중할 때, 혁신적인 기업들은 '왜 Why' 그것을 하는지부터 이야기를 시작한다는 것이죠. 브랜드 목적이란 바로 이 '왜'에 해당합니다. 애플이 단순히 "우리는 좋은 컴퓨터를 만듭니다"라고 말하지 않고, "우리는 기존의 현상에 도전하고 다르게 생각한다는 것을 믿습니다. 기존의 현상에 도전하는 우리 방식은 제품을 아름답게 디자인하며 간단히 사용할 수 있고 편리하게 만드는 것입니다. 그 신념에 따라 우리는 방금 훌륭한 컴퓨터를 만들게 되었습니다."라고 말하는 것처럼.

브랜드 목적은 단순한 슬로건이나 마케팅 문구가 아닙니다. 그것은 브랜드의 존재 이유이자, 모든 의사결정과 행동의 나침반이 되는 핵심 가치입니다. 많은 브랜드들이 '미션', '핵심 가치', '비전'이라는 멋진 단어들로 자신들의 목적을 정리하고 공표하지만, 실질적인 공감을 이끌어내는 경우는 드뭅니다. 여성의 권리를 말하면서도 내부 성희롱 문제를 반복적으로 방치하거나, 동반자 관계를 강조하면서도 하청업체에 불공정한 조건을 강요하고, 지속 가능성을 말하면서 오히려 환경을 해치는 산업에 투자하는 금융사 등 언행이 일치되지 않고 형식적인 문장이나 추상적인 수사로만 공허하게 떠드는 브랜드의 언어들은 결국 고객에게는 '공허한 메아리'로 들릴 수밖에 없습니다. 진정한 브랜드 목적은 단순히 잘 만든 문장이 아니라, 일관된 실천으로 증명되는 신념이어야 합니다. 그리고 그러한 목적에는 몇 가지 분명한 특징이 있습니다.

<u>첫째, 사회적 가치 지향입니다.</u> 단순한 이익 창출을 넘어 사회와 환경에 긍정적인 영향을 미치고자 하는 지향점을 의미합니다. 지난 주말, 저는 립밤을 사려고 들어간 화장품 매장에서 흥미로운 광경을 목격했습니다. 20대로 보이는 젊은 여성 두 명이 제품을 고르면서 "이거 괜찮겠다. 얘네 제품은 전부 '크루얼티 프리'래"라고 말하며 한참 스마트폰으로 관련 정보를 검색한 후에서야 장바구니에 담는 모습이었습니다. 당시 저는 '크루얼티 프리'가 정확히

* "Start With Why" by Simon Sinek

무엇을 의미하는지 몰랐습니다. 검색해 본 후에야 동물 실험을 하지 않고 동물성 원료를 쓰지 않는 제품임을 알게 되었고, 세상이 정말 변했음을 실감했습니다.

이처럼 오늘날 소비자들은 제품의 성능이나 가격 이상의 것을 요구합니다. 제품 자체보다 <u>브랜드의 철학과 행동에 더 관심을 가집니다</u>. 단지 좋은 제품을 넘어, 브랜드가 세상에 어떤 긍정적인 영향을 미치는지를 중요하게 생각합니다. 친환경 아웃도어 브랜드 '파타고니아'는 옷을 판매하는 기업을 넘어 지구 환경을 보호하고 지속가능한 삶을 확산하는 사명을 실천합니다. 실제로 그들은 자신들의 정체성을 "we're in business to save our home planet, 우리는 지구를 구하는 데 존재하는 회사입니다"라고 정의합니다.• 이는 단지 멋진 문구 이상의 실제적 실천으로 이어집니다. 파타고니아는 제품 디자인 단계부터 재활용 섬유, 유기농 면, PFC-Free 발수 가공 등 친환경 소재 사용을 확대하며, 제품 수명을 최대화하는 설계를 중시합니다. 이는 소비자들이 오래 입을 수 있는 옷을 제공하겠다는 본질적 약속입니다.

<u>둘째, 본질적 차별성입니다.</u> 파타고니아는 제품의 기능이나 품질뿐 아니라, 존재 이유 자체에 기반한 차별화를 실현합니다. 이들은 공정무역 인증 제조업체와 협력하며 공급망의 투명성과 노동

• Patagonia. "Our Reason for Being: Saving Our Home Planet." Patagonia Mission Statement, 2023. https://www.patagonia.com/our-footprint/

자의 권리를 보장합니다. 소비자들이 윤리적 소비를 실천할 수 있도록 제품의 생산 과정을 공개하고, 과잉 소비를 방지하는 캠페인을 진행합니다. 블랙프라이데이에 "이 재킷을 사지 마세요"라는 메시지를 통해, 소비자들에게 필요한 소비만을 유도합니다.

셋째, 정서적 연결입니다. 브랜드는 소비자와 기능적 관계를 넘어 감성적, 가치적 연결을 형성합니다. 파타고니아는 자신들의 실수나 개선점을 투명하게 공개하며, 환경 보호 활동 보고서와 제품 수선 후기 등 진정성 있는 소통을 지속합니다. 2022년 파타고니아 창업자 이본 쉬나드는 전 세계를 놀라게 한 결정을 내렸습니다. 그는 자신의 회사 지분 전체(약 30억 달러)를 기후 위기 대응을 위한 비영리 재단에 기부하며 "지구가 우리의 유일한 주주입니다"라고 선언했습니다. 이 결정 이후 파타고니아의 매출은 35% 증가했고, 소비자들은 브랜드가 자신들의 가치를 진정으로 대변한다고 느끼며 더욱 적극적인 지지자가 되었습니다.

이처럼 브랜드가 사회적 가치, 본질적 차별성, 정서적 연결이라는 3가지 축을 통해 목적을 일관되게 실천할 때, 소비자는 그 브랜드를 단순한 '판매자'가 아니라 '가치 동반자'로 인식하게 됩니다. 제품을 넘어서 브랜드의 철학을 구매하며, 자신이 지지할 만한 신념을 찾아 그 브랜드와 관계를 맺습니다.

이는 단순한 마케팅 전략이 아니라, 브랜드가 지속 가능한 성장을 이루기 위한 본질적 과제가 된 것입니다. 닐슨의 조사에 따르면 Z세대 소비자의 73%는 자신의 가치에 부합하는 브랜드라면 더 높은 비용도 기꺼이 지불하겠다고 응답했습니다.* 이들은 가격보다 신념을, 기능보다 의미를, 브랜드보다 철학을 선택할 확률이 높습니다. 브랜드의 목적은 이제 선택이 아닌 필수입니다. 그리고 그 목적은 말이 아닌 행동으로 증명될 때, 비로소 소비자의 마음 속에 살아 있는 '이유'가 됩니다.

퍼스널 브랜딩 역시 마찬가지입니다. '왜 나는 이 일을 하는가'에 대한 나만의 대답이 없다면, 콘텐츠는 방향 없이 흘러가고 브랜딩은 지속성을 잃게 됩니다. 퍼스널 브랜딩의 목적은 단지 인기를 얻기 위한 것이 아니라, <u>세상에 어떤 의미 있는 기여를 할 것인지에 대한 분명한 답을 가진 사람들이 진정한 영향력을 발휘하게 됩니다</u>.

파타고니아가 "지구가 우리의 유일한 주주"라고 선언했듯, 우리 각자도 "내가 세상에 남기고 싶은 변화는 무엇인가?"라는 질문에 대한 자신만의 답을 찾아야 할 때입니다. 그 답이 바로 우리 개인 브랜드의 진정한 경쟁력이 될 것입니다.

기술은 사람을 향합니다

AI는 데이터를 읽고, 감정을 예측하고, 경험을 설계합니다. 하지

---

* Nielsen. "The Rise of Purpose-Led Brands: Gen Z Consumer Study." Nielsen Global Reports, 2023.

만 그 모든 정교한 기술의 끝에서 우리가 마주하게 되는 질문은 여전히 인간적입니다.

"이 브랜드는 나를 이해하고 있는가?"
"이 콘텐츠는 내 시간을 가치 있게 만들어 주는가?"
"이 메시지는 진심인가?"

Predictive(예측)는 '미래를 읽는 눈'이고, Personalization(개인화)은 '맥락을 해석하는 감각'이며, Participation(참여)은 '관계 속의 대화'이고, Purpose(목적과 가치)는 '존재의 이유'입니다.

이 4가지는 단지 새로운 마케팅의 전략이 아니라, 브랜드가 인간을 대하는 태도이자 철학입니다. AI 시대의 마케팅은 기술이 모든 것을 대신하는 시대가 아니라, 기술을 통해 인간에게 더 가까이 가는 시대입니다.

'가장 정교한 알고리즘'이 '가장 따뜻한 연결'을 만들 수 있을까요? 그 해답은 브랜드가 사람을 어떻게 바라보고, 이해하며, 참여시키고, 함께 살아갈 이유를 나누는지에 달려 있습니다. 미래의 마케팅은 더 많이 말하는 브랜드가 아니라, 더 잘 듣고, 더 깊이 공감하는 브랜드가 이끕니다. 그리고 그 여정의 끝에는 소비자가 아닌 '사람'이 있습니다. 결국 기술은 사람을 향합니다.

다른 사람이 되고 싶어 하지 마라.
이미 누군가는 그 역할을 맡고 있다.

— 오스카 와일드

4장

세대별로 다르게, 나를 브랜드로 만든다는 것

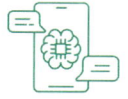

나다운 삶이 브랜드가 되어 가는 과정

"전 뭔가 거창한 일을 했던 건 아니에요. 그냥 좋은 정보니까 나누고 싶었고, 그러다 보니 사람들이 좋아해 주시고, 뭔가 인정받으면서 저를 찾아주시고 말을 걸어주시고 응원을 해 주시니까 더 힘이 나서 열심히 하게 된 거죠."

어느 날 인터뷰 중 만난 한 크리에이터의 이야기입니다. 그는 지금 백만이 넘는 여행 커뮤니티의 인기 회원이자 인플루언서이지만, 시작은 그저 '좋아서 하는 일'이었습니다. 자신이 관심 있는 정보를 공유하고, 생활 속의 팁을 나누는 과정에서 사람들의 반응이 있었고, 그 반응이 다시 동력이 되어 더 열심히 하게 되었습니다. 그가 누군가에게 작지만 긍정적인 영향을 주게 되면서 '내가 이 일을 계속해서 좀 더 힘내서 해도 되겠구나'라는 확신을 얻게 된 것입니다.

그의 확신은 단지 '콘텐츠를 만든다는 행위'에서 비롯된 것이 아니라 '사람들과 연결되는 경험'에서 시작되었습니다. 말 한마디, 댓글 하나, 짧은 공감이 쌓이면서 어느새 그의 여행 정보 공유는 단순한 취미를 넘어 웬만한 여행사 못지않은 영향력을 가진 콘텐츠로 성장했습니다. 그러면서 이제는 '말 한마디, 행동 하나하나가 미칠 수 있는 영향을 신경쓴다'면서 '내가 앞으로 어떻게 이들에게 기억되고 싶은지, 어떤 사람이 되어야 하는지'도 큰 고민이라고 합니다. 그의 말에서 중요한 변화를 발견할 수 있습니다.

더 이상 단순히 정보를 전달하는 것이 아니라, 이제는 자신의 가치와 신념을 담아 사람들과 소통하고 있는 것입니다. 이것이 바로 퍼스널 브랜딩의 시작입니다. 퍼스널 브랜딩은 단순히 '잘 보이기 위한 포장'이 아닙니다. 오히려 나의 존재 이유, 나만의 철학 그리고 세상에 기여하고자 하는 방향성의 선언입니다.

이처럼 일상의 기록이나 단순 정보 전달로 시작했던 콘텐츠가 어느 순간 자기 삶의 태도를 반영하게 되고, 그것이 사람들과의 연결 지점이 되며 브랜드로 진화하는 경우가 많습니다. 독서 콘텐츠가 '지속가능한 삶의 지향'으로 확장되고 '정리하는 법'을 공유하던 콘텐츠가 점차 '정리를 통한 삶의 리셋'이라는 주제로 확장되는 사례들이 이를 증명합니다.

콘텐츠는 결국 자신을 비추는 거울입니다. 사람들이 '좋아요'를 누르고, 구독을 하고, 팔로우를 이어가는 이유는 단순히 정보 때문이 아닙니다. 그 안에 담긴 당신의 관점, 철학 그리고 삶의 태도에 공감하기 때문입니다. 콘텐츠 자체로 인기를 얻는 것은 어렵지 않을 수 있지만, 팬덤을 구축하며 지속적으로 성장하기 위해서는 브랜드가 되어야 합니다.

실제로 많은 크리에이터와 인플루언서들은 '무엇을 보여줄까'보다 '어떻게 살아갈까'를 고민하며 브랜드를 구축해 갑니다. 유튜버이자 저자인 미셸 펑$^{Michelle\ Phan}$은 "나는 화장법을 알려주는 사람이 아니라, 스스로를 사랑하게 돕는 사람"이라는 철학을 중심에 두고 브랜드를 키웠습니다. 이런 'Why'가 분명한 메시지는 수많은 팔로워들에게 감동을 주고, 단순한 콘텐츠 소비 이상의 정서적 유대를 형성합니다.

결국 퍼스널 브랜딩은 단순한 자기 PR이 아니라, '자기 인식과 자기 실천을 타인과 연결하는 방식'이며, 나만의 이야기를 통해 타인의 이야기를 존중하게 되는 새로운 방식의 커뮤니케이션이기도 합니다. <u>당신의 왜^{Why}는 당신의 콘텐츠이고 곧 당신의 브랜드입니다</u>. 그것이 명확할수록 세상은 당신을 기억합니다. 콘텐츠를 만들고, 자신을 표현하는 과정에서 단순히 '무엇을 할까'가 아닌 '왜 하는가'에 집중할 때, 진정으로 의미 있는 퍼스널 브랜드가 탄생합니다. 지금 우리에게 필요한 것은 화려한 기술이나 전략이 아니라 자신만의 명확한 '이유'입니다.

명함보다 진정성으로 말하는 퍼스널 브랜딩의 시작

　회사의 이름이 나를 온전히 설명해 주는 시절이 있었습니다. 삼성전자, 현대자동차와 같은 국내 대기업, 구글과 같은 유명 글로벌 기업에 근무한다면 그 회사의 브랜드가 곧 나의 배경이었고 든든한 디딤돌이었습니다.

　하지만 평생직장의 개념이 사라지고, 회사의 배경이 희미해진 이 시대에는 그 패러다임이 크게 뒤바뀌었습니다. 이제 우리는 조직보다 개인이 먼저 인식되는 시대에 살고 있습니다. 지금은 나라는 이름을 명함보다 먼저 검색하는 시대입니다. 내가 어떤 사람인지, 어떤 철학과 태도를 가지고 일하는지를 사람들이 먼저 궁금해하고, 검색하고, 나라는 사람의 콘텐츠와 커뮤니케이션을 통해 판단합니다. 링크드인, 메타, 인스타그램, 트위터와 같은 소셜미디어 플랫폼과 카카오, 라인의 프로필로 우리의 디지털 아이덴티티는 이미 명함보다 더 강력한 첫인상을 만들어내고 있습니다.

'독학으로 사진을 시작해 자신만의 시선과 이야기로 많은 이들의 사랑을 받는 아마추어 사진작가'
'학위보다 더 깊은 통찰을 전하는 브런치 칼럼니스트'
'만화를 보고 요리를 배웠지만 누구보다 열정적이고 맛있는 음식을 만드는 요리사'

이들의 공통점은 명확합니다. 거창한 전략이나 고도의 마케팅 기법 없이, 자신만의 생각과 목소리, 삶의 태도를 바탕으로 신뢰를 쌓고 많은 이들의 응원을 받고 있다는 점입니다. 『서울 자가에 대기업 다니는 김 부장 이야기』로 많은 직장인들의 극공감을 이끌어낸 작가 송희구 님은 자신의 직장생활, 재테크 노하우와 경험을 소재로 블로그에 매일 조금씩 글을 쓰기 시작했습니다. 처음엔 특별할 것 없는 글들이었지만, 그 글에는 솔직함과 공감 그리고 시대를 살아가는 직장인들의 복잡한 감정이 고스란히 담겨 있었습니다. 그렇게 쌓인 글은 수많은 독자에게 전해졌고, 결국 베스트셀러 작가라는 이름으로까지 이어졌습니다.

그는 한 인터뷰에서 "저는 특별한 사람이 아닙니다. 주변 부장님들 대부분 은퇴 이후의 삶을 걱정하시면서 대비는 거의 안하시는 것 같아 안타까운 마음에 글을 시작했다"라고 말했습니다. 그는 '브랜드가 되기 위해' 글을 쓴 것이 아니라, 자신의 언어로 '누군가를 도와주고 싶고 말하고 싶었던 것들'을 기록한 것입니다. 그 진심이 '재테크 잘하는 소설가'라는 퍼스널 브랜드가 된 것이죠.

사람들은 종종 퍼스널 브랜딩을 '자기 포장'이라고 오해합니다. 실제보다 더 잘 보이기 위해 애쓰는 일처럼 생각하지요. 하지만 진짜 퍼스널 브랜딩의 시작은 '내가 누구인지, 어떤 시선으로 세상을 바라보고 사람들과 어떻게 연결되고 싶은지를 일관되게 보여주는 작업'입니다.

<u>첫째, 나는 왜 이 일을 선택했는가?</u>

어떤 가치를 소중히 여기고, 세상과 어떤 방식으로 연결되고 싶나요? 나의 과거는 어떤 이야기를 품고 있고, 지금 나는 어디쯤 서 있나요? 이 질문들에 대한 솔직한 대답이 없으면, 그 브랜드는 오래가지 못합니다. 아무리 멋져 보여도 사람들은 진심을 찾아 떠납니다.

<u>둘째, 어떤 방식으로 세상과 연결되고 싶은가?</u>

말은 우리의 태도와 성격, 사고방식을 고스란히 드러내는 가장 강력한 거울입니다. 같은 말을 해도, 어떤 이의 말은 지루하고 어떤 이의 말은 마음에 남습니다. 그 차이는 기술이 아니라 '말투'와 '리듬'에서 비롯됩니다. "이 말투는 너밖에 없어"라고 말할 수 있을 때, 비로소 브랜딩이 시작됩니다.

<u>셋째, 어떤 이야기를 나만의 시각으로 전하고 싶은가?</u>

보여지는 정체성입니다. 우리가 고르는 색깔, 폰트, 배치, 분위기, 심지어 프로필 사진 속 눈빛까지 이 모든 요소는 내가 어떤 사람인지 설명하는 시각적 언어입니다. "어떤 사람인지 몰라도, 이 디자인만 보면 그 사람이 떠오른다"는 말을 들을 수 있다면, 이미 절반은 성공한 것입니다. 이 3가지 철학, 언어, 시각은 독립적이면서도 서로 긴밀하게 연결되어 있습니다. 내면은 언어로 드러나고, 언어는 시각으로 확장되며, 시각은 다시 내면의 진실을 반영합니다. 그 조화 속에서 우리는 '말하지 않아도 느껴지는 브랜드'를 완성하게 됩니다.

퍼스널 브랜딩은 이 질문에 대한 진솔한 답변을 시작으로 자신만의 가치와 이미지를 구축하고 세상과 소통하고, 성장하며, 가치를 나누는 여정입니다. 진정한 퍼스널 브랜드가 형성되면, 더 많은 기회가 생기고, 신뢰를 기반으로 한 관계 맺기가 가능해집니다. 이는 곧 직장인이 아닌 직업인으로서의 성장, 같은 가치관과 관심사를 가진 사람들과의 새로운 연결 생성, 경제적 자유와 다양한 수익 창출의 기회 제공 그리고 세상에 긍정적인 영향을 미칠 수 있는 내적 성장 등 다양한 접점에서 개인의 목표를 이루는 큰 자산과 배경이 됩니다.

화려한 수식이나 전략보다 중요한 것은 내가 선택한 방식대로 묵묵히 삶을 이어가는 태도입니다. 흔들릴 수 있지만 무너지지 않는 일관성, 따라하기보다는 스스로 정의한 원칙 그리고 내가 가진 언어로 세상을 바라보는 용기, 그렇게 자신을 살아내는 사람은 어느새 누군가에게 방향이 되고, 위로가 되며, 영감이 됩니다. 브랜드란 그렇게 만들어지는 것입니다.

퍼스널 브랜드는 의도를 가진 이름이다

우리는 종종 퍼스널 브랜딩을 '사람'이라는 존재에만 국한해서 생각합니다. 그러나 퍼스널 브랜드는 단지 개인이라는 생물학적 실체만을 의미하지 않습니다. 그것은 '의도를 가진 이름'이 세상에 던지는 정체성의 선언이기도 합니다. 생각해 보면, 누군가의 이름을 들었을 때 우리는 그 사람의 말투, 표정, 가치관, 심지어 취향까지 함께 떠올립니다.

'김미경'이라는 이름에는 진심을 다해 응원하는 목소리가 담겨 있고, '유재석'이라는 이름에는 배려와 유쾌함이라는 정서가 깃들어 있습니다. '손흥민'이라는 이름은 성실함과 자부심을 상징하는 고유한 감정을 일으킵니다. 이름은 단순한 식별 기호가 아닙니다. 그것은 하나의 '작은 세계'입니다. 작은 가게의 간판, 1인 기업의 상호, 유튜버의 채널명, 동네 공방의 간판, 작가의 필명 등 이 모든 것도 누군가의 세계관과 신념을 품은 이름이라면 퍼스널 브랜드가 됩니다.

'봉춘식당'이라는 이름에 담긴 푸근함, '윤쌤영어연구소'에 녹아 있는 치열한 진정성, '명수네 떡볶이'에 배어 있는 동네 맛집의 유쾌함 등 사람들은 음식을 고르기보다, 결국 그 공간을 만든 사람의 감정과 철학을 선택합니다. 우리는 음식이 아니라 사람을, 정보가 아니라 태도를 소비하는 시대에 살고 있습니다.

더 나아가 우리는 곧 인간이 아닌 존재도 브랜드로 받아들이게 될 것입니다. 'GPT 민수쌤', '디지털 미나' 같은 AI 캐릭터나 코치가 우리와 대화하고, 콘텐츠를 추천하며, 때로는 조언을 건넵니다. 그들의 말투와 이름, 상담 방식이 따뜻하거나 냉철하거나 유쾌하다면, 사람들은 그 '디지털 존재'에게도 감정을 느끼고 신뢰를 형성하게 됩니다. 이름이 의미를 가질 수 있다면, 브랜드가 되는 조건은 이미 충족된 것입니다.

그렇기에 우리는 자문해 봐야 합니다.

"이 이름을 부르면 어떤 얼굴이 떠오르는가?"

"이 말투와 공간에는 어떤 성격이 배어 있는가?"

"이 브랜드는 어떤 감정을 불러일으키는가?"

이름은 곧 연결입니다. 나라는 존재가 어떤 감정과 방식으로 세상에 닿는지를 끊임없이 보여주는 이야기의 시작점입니다.

퍼스널 브랜딩의 3대 핵심: 진정성, 전문성, 차별성

퍼스널 브랜딩은 '나답게 살아내는 삶'에서 시작하지만, 그것이 더욱 견고하고 의미 있게 성장하기 위해서는 단단한 기반이 필요합니다. 누군가에게 신뢰를 주고, 스스로의 전문성을 증명하며, 자신만의 색깔로 기억되는 사람들, 이들의 퍼스널 브랜드에는 공통적으로 진정성, 전문성, 차별성이라는 3가지 핵심 요소가 자리 잡고 있습니다. 이 3가지는 단순한 기술이나 전략이 아니라, 브랜드로 살아가는 삶의 태도이자 실천의 방향입니다.

<u>첫 번째 핵심은 퍼스널 브랜딩의 가장 강력한 자산인 '진정성'입니다.</u> 진정성이란 곧 신뢰의 다른 이름이기도 합니다. 자극적인 말보다 꾸준한 태도, 눈에 띄는 표현보다 일관된 메시지가 진정성 있는 신뢰를 만듭니다. 심리학자 스티븐 코비는 '성공하는 사람들의 7가지 습관'에서 신뢰를 '행동으로 나타나는 성품'이라 말합니다.

이는 단순히 말이나 이미지로 포장되는 것이 아니라, 말과 행동이 지속적으로 일치할 때 비로소 형성된다는 의미입니다.

『골든아워』로 유명한 외상외과 전문의 이국종 교수는 30년 가까이 모두가 꺼리는 외상외과를 지키며 생사를 넘나드는 환자들을 살리기 위해 현실적 한계를 감수하고 묵묵히 현장을 지켜온 인물입니다. 국가 시스템이 받쳐주지 않아도, 병원이 외면해도 그는 "환자를 살리는 일이 먼저"라는 단 하나의 원칙을 지켰습니다. 그는 대중 앞에서 화려한 말을 하는 대신 일관된 삶의 모습을 보여줬습니다. 수많은 언론 인터뷰에서도 그는 자기 공을 내세우기보다는 현장의 문제와 환자의 고통을 우선시했고, 그 진정성 있는 태도는 많은 사람들에게 신뢰로 깊이 각인되었습니다. 사람들은 그래서 그를 '믿을 수 있는 사람', '자기 철학을 끝까지 지키는 사람'으로 기억합니다.

이처럼 진정성은 하루아침에 만들어지지 않습니다. 유행을 좇아 쉽게 변하는 메시지보다는 시간이 지나도 흔들리지 않고 지켜온 가치가 더 깊은 신뢰를 구축합니다. 당장의 인기나 이익을 위해 원칙을 타협하는 순간, 어렵게 쌓은 진정성 있는 신뢰가 무너질 수 있음을 잊어서는 안 됩니다. 누군가가 당신을 떠올릴 때 "이 사람은 말과 행동이 언제나 일치한다", "어떤 상황에서도 그의 가치는 변하지 않는다"라고 생각하게 만드는 힘이 진정성입니다. 거창한 슬로건이나 화려한 포장이 아닌, 매일의 작은 결정과 꾸준한 행동들이 모여 진정성이라는 신뢰의 단단한 브랜드 자산을 만듭니다.

결국 진정성은 흔들리지 않는 일관된 태도, 어려운 순간에도 원칙을 지키는 용기와 같은 것입니다.

<u>두 번째는 '전문성'입니다.</u> 많은 사람들이 오해하는 것이 있습니다. 전문성은 학위나 이력이 아닙니다. 내가 깊이 탐구한 영역, 타인에게 도움이 될 수 있는 지식, 그것을 나만의 관점으로 해석하고 설명할 수 있는 힘이 바로 퍼스널 브랜드의 전문성입니다.

전문성은 정체되지 않습니다. 끊임없이 새로운 지식을 습득하고, 기존 지식을 깊이 있게 탐구하는 과정에서 전문성이 확장됩니다. 정보만 아는 것이 아니라, 그 정보를 활용해 실제 문제를 해결하는 능력이 전문성의 핵심입니다. 사람들은 문제를 해결해 주는 전문가를 찾습니다. 아인슈타인은 "당신이 6살 아이에게 설명할 수 없다면, 당신은 그것을 완전히 이해하지 못한 것"이라고 말했습니다. 복잡한 개념을 누구나 이해할 수 있게 풀어내는 능력은 진정한 전문가의 표식입니다. 특히 이론만이 아닌, 직접 경험하고 적용한 지식은 더 큰 설득력과 영향력을 가집니다.

"디자인을 공유하고 함께 발전하는 디자이너"라고 본인을 소개하는 프레젠테이션 디자이너 윤피티(윤상림)님은 PPT계의 스티브 잡스 같은 아이콘입니다. 수백 장의 PPT 템플릿을 꾸준히 무료로 배포하고, 작고 소소한 팁부터 실무 노하우까지 다양한 콘텐츠를 블로그에 기록하면서 대중과 호흡해 오며 '어떻게 하면 내용을 효과적으로 전달할 수 있는가'에 대한 깊은 이해를 바탕으로, 디자인과 커뮤니케이션의 접점을 탐구했습니다. 이러한 꾸준한 탐구와 공유는 많은 학생들, 직장인들의 큰 호응을 얻었고, 마이크로소프트가 전 세계적으로 선정하는 MVP^{Most Valuable Professional}로 인정받는 결과로 이어졌습니다.

그는 자신의 전문성과 더불어 '도움이 되는 콘텐츠를 나누겠다'는 철학을 중심에 두고, 강의와 출판, 협업 프로젝트까지 확대해 가며 프레젠테이션 분야에서 독보적인 퍼스널 브랜드로 성장했습니다. 전문성을 구축하기 위해서는 '알고 있는 것'을 넘어 '다른 사람에게 가치 있는 것'을 파악하여 공유하는 능력이 필요합니다. 이것은 자신의 경험과 지식을 통해 다른 사람의 문제를 해결해 주고, 그들의 질문에 의미 있는 답을 제공함으로써 이루어집니다.

<u>마지막 핵심은 '차별성'입니다.</u> 비슷한 말을 해도, 누구는 지루하고 누구는 울림을 줍니다. 같은 주제를 다뤄도, 누구는 잊히고 누구는 저장됩니다. 그 차이는 기술에서 오는 것이 아닙니다. 어떤 시선으로 세상을 바라보는지 그리고 그것을 어떤 방식으로 표현하느냐에서 비롯됩니다. 차별성은 독특함이나 튀는 것만을 의미하지 않습니다. 그것은 당신만의 관점, 당신만의 언어, 당신만의 방식으로 세상과 소통하는 것을 의미합니다. 진짜 차별성은 인위적으로 만들어지는 것이 아니라, 자신의 진짜 모습에서 자연스럽게 드러나는 것입니다.

요리 유튜버 '승우아빠'는 수많은 요리 콘텐츠 사이에서 말투와 영상의 리듬, 이야기의 흐름만으로 독보적인 존재감을 만들어낸 인물입니다. 그는 화려한 기술이나 전문 셰프의 배경이 없음에도

불구하고, 일상적인 요리 과정을 누구나 편안하게 느낄 수 있도록 풀어냅니다. 특히, 적당한 유머와 상황극이 가미된 내레이션, 차분한 편집 속도, 시청자와 눈높이를 맞춘 설명 방식은 구독자에게 "요리 영상이지만 왠지 사람 냄새가 난다", "저 정도는 나도 쉽게 따라하겠는데"라는 인상을 남깁니다. 그의 콘텐츠는 단순한 레시피를 넘어서 '말투와 감정선' 자체가 브랜드가 되었습니다. 차별성은 그래서 '뭘 하느냐'보다 '어떻게 말하느냐'에서 결정됩니다. 억지로 튀는 개성이 아니라, 나다운 감각과 시선을 지켜내는 꾸준함이 결국 브랜드를 만드는 것입니다.

차별성을 구축하는 가장 좋은 방법은 역설적으로 '다른 사람과 다르게 보이려고 노력하지 않는 것'입니다. 남들과 다른 나를 만들기 위해 인위적으로 행동하는 순간, 그것은 진정성을 잃고 어색함만 남게 됩니다. 진짜 차별성은 자신의 고유한 관점, 취향, 경험, 스타일을 자연스럽게 표현할 때 형성됩니다. 나만의 표현 방식과 언어를 찾기 위해서는 다양한 시도와 실험이 필요합니다. 처음부터 완벽한 스타일을 찾기보다, 작은 프로젝트와 콘텐츠를 통해 지속적으로 자신만의 목소리를 발견해 가는 과정이 중요합니다. 또한, 특정 관객층을 명확히 하는 것도 차별성 구축에 도움이 됩니다. 모두에게 인정받으려 하기보다, 당신의 메시지와 스타일에 가장 공감할 수 있는 사람들을 먼저 찾아 깊이 소통하는 것이 더 효과적입니다.

퍼스널 브랜딩의 3가지 핵심 요소인 신뢰, 전문성, 차별성은 각

각 독립적이면서도 서로 밀접하게 연결되어 있습니다. 신뢰는 일관된 행동과 메시지를 통해 형성되고, 전문성은 지속적인 탐구와 가치 있는 지식 공유로 증명되며, 차별성은 자신만의 관점과 표현 방식으로 드러납니다. 이 3요소가 조화롭게 결합될 때, 사람들의 마음속에 단단하게 자리 잡는 퍼스널 브랜드가 완성됩니다.

퍼스널 브랜딩이 지금 더 중요해진 이유

그렇다면 왜 하필 지금, 퍼스널 브랜딩이 이토록 강력한 화두가 된 것일까요? 여기에는 우리가 살아가는 시대의 몇 가지 결정적인 변화들이 복합적으로 맞닿아 있습니다.

첫째, 디지털 시대에는 검색이 자기소개서보다 먼저 도착합니다. 채용 담당자는 이력서를 보기 전에 소셜미디어를 검색하고, 협업 파트너 역시 당신의 이름을 먼저 찾아봅니다. 당신이 누구인지, 어떤 삶의 태도를 지니고 있는지, 어떤 이야기를 해 왔는지를 사람들은 온라인을 통해 먼저 판단합니다. 디지털과 AI 기술의 발전은 물리적 공간이 아닌 디지털 공간에서 첫인상이 결정되는 시대를 만들었습니다. 이런 환경에서 퍼스널 브랜드는 경쟁에서 우위를 점하는 핵심 자산이 되었습니다.

둘째, 유동적인 커리어 시대에는 '나'라는 브랜드가 가장 안정적인 투자입니다. 과거에는 한 직장에서 30년 이상 근무하는 것이 이상적이었지만 이제는 평균 3~5년마다 이직하며 커리어를 확장하는 것이 자연스러운 흐름이 되었습니다. 어떤 사람은 평생 동안 여러 번 직업을 바꾸기도 합니다. 심지어 요즘에는 한 조직에 너무 오래 머무르는 것이 역량 부족이나 변화 대응력의 결여로 해석되는 분위기도 감지됩니다. "왜 아직도 그 회사에 있어?"라는 질문에는 단순한 호기심이 아닌, 개인의 성장 가능성에 대한 사회적 의심이 담겨 있습니다. 이처럼 경력의 흐름이 유동적인 시대에는 조직의 브랜드보다 '나 자신'의 브랜드에 투자하는 것이 더 지속 가능하고 전략적인 선택입니다.

<u>셋째, 누구나 콘텐츠를 통해 자신의 이야기를 전달할 수 있는 시대입니다.</u> 과거에는 출판사나 방송국 같은 '게이트키퍼'의 허락 없이는 대중과 소통할 수 없었지만 지금은 유튜브, 인스타그램, 브런치, 팟캐스트 등 다양한 플랫폼을 통해 누구나 청중과 직접 만날 수 있습니다. 전문가나 직장인의 경우 링크드인을 통해 자신의 커리어와 프로젝트, 관점을 포트폴리오처럼 구성하고, 콘텐츠로 신뢰를 구축해 나가고 있습니다. 조직에 속해 있지 않더라도, 꾸준한 기록과 공유를 통해 자신만의 전문성과 태도를 브랜딩할 수 있는 시대가 열린 것입니다.

<u>넷째, 기업 브랜드보다 퍼스널 브랜드, 즉 사람을 더 신뢰합니다.</u> 가짜 뉴스, 딥페이크, 온라인 사기가 만연한 디지털 환경 속에서 사람들은 더 이상 거대 기관이나 광고 문구를 그대로 믿지 않습니다. 대신 "나와 비슷한 사람" 또는 "일관된 메시지를 꾸준히 전해온 개인 전문가"에게 더 큰 신뢰를 보냅니다. 사람들은 TV나 신문

보다 유튜브나 인스타그램 같은 채널에서 신뢰하고 공감할 수 있는 개인의 목소리를 찾고, 그들의 콘텐츠를 통해 정보를 얻고 때로는 소비의 결정까지 합니다.

<u>다섯째, 퍼스널 브랜딩은 시간이 지날수록 가치가 커지는 복리 자산입니다. 퍼스널 브랜딩은 단기 성과에 그치지 않습니다.</u> 온라인에 기록된 콘텐츠, 생각, 경험은 시간이 흐를수록 더 많은 사람에게 도달할 수 있는 복리 구조를 가집니다. 과거에 쓴 글이나 영상이 오늘 누군가에게 영감을 주고, 내일 또 다른 기회로 이어지는 시대. 퍼스널 브랜딩은 시간 속에서 점차 단단해지는 복합 투자이자, 미래의 나를 위한 장기적 포트폴리오입니다.

<u>여섯째, 사람들은 이제 단순한 성공보다 '의미 있는 삶'을 추구합니다.</u> 많은 사람들이 단지 출세나 수익이 아닌, 자신만의 가치로 세상에 기여하고 흔적을 남기고 싶어 합니다. 퍼스널 브랜딩은 그런 의미에서 존재의 증명이며, 자신만의 방식으로 세상과 연결되는 여정입니다. 이는 단순한 커리어 전략을 넘어, 자신의 철학과 존재 이유를 표현하고 실현하는 과정이기도 합니다.

<u>마지막으로 가장 중요한, AI 시대의 데이터 고갈이 개인 콘텐츠의 전략적 가치를 극대화하고 있습니다.</u> 우리는 지금 인공지능(AI)이 빠르게 발전하는 시대에 살고 있습니다. 챗GPT, 미드저니, 클로드, 구글 제미나이 등 다양한 생성형 AI는 방대한 양의 웹 데이터를 학습하여 인간 수준의 사고와 창작 능력을 모방하고 있습니다. 그러나 최근 AI 연구자들과 빅테크 기업들 사이에서 공통적으로 제기

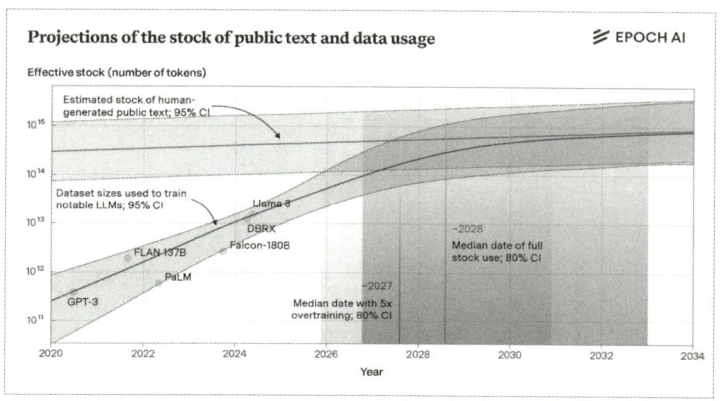

그림 14. Epoch AI에서 제시한 공개 텍스트 및 데이터 사용량 예측

되는 우려가 있습니다. 바로 '학습 가능한 고품질 데이터의 고갈'입니다.

AI가 학습하는 데이터는 결국 인간이 만들어낸 기록입니다. 블로그 글, 소셜미디어 포스트, 뉴스 기사, 논문, 유튜브 영상 등 수많은 디지털 콘텐츠가 AI의 연료 역할을 해왔습니다. 하지만 대규모로 수집하고 가공할 수 있는 공개 데이터는 한계에 도달하고 있으며, 이미 사용된 데이터의 재활용은 한계와 저작권 문제를 동반합니다. 이에 따라 양질의 '신규 데이터'가 절실히 요구되고 있습니다.

여기서 주목할 점은 바로 개인의 콘텐츠가 가진 전략적 가치입니다. 더 이상 단순한 소비자나 수혜자가 아닌, AI 시대의 우리는 '데이터 생산자'로서 위치를 재정립해야 합니다. 내가 살아온 삶,

쌓아온 경험, 품어온 가치관은 그 자체로 유일무이한 학습 데이터가 됩니다. 특히 개인이 스스로 만든 콘텐츠는 저작권의 제약 없이 AI와 융합될 수 있는 가장 강력한 자산입니다. 이는 퍼스널 브랜딩이 단순한 자기표현을 넘어 AI 시대의 핵심 자원이자 전략적 자산이 되었음을 의미합니다.

결국, 퍼스널 브랜딩이 지금 더 중요해진 이유는 단 하나의 변화 때문이 아닙니다. 디지털 기술의 발전, 유동적인 커리어 구조, 소비자 행동의 진화, 글로벌 경쟁의 격화, AI와 자동화의 확산, 신뢰의 재편, 미디어 소비 방식의 변화 그리고 삶의 의미를 찾으려는 인간 본연의 열망까지. 이 모든 흐름이 서로 맞물려 작용하고 있는 지금 퍼스널 브랜딩은 더 이상 선택이 아닌, 현대 사회에서 자신의 가치를 실현하고 인정받기 위한 필수 전략이 되고 있습니다.

누구나 자기만의 방식이 있습니다. 어떤 사람은 글로, 어떤 사람은 목소리로, 또 어떤 사람은 일상 속 행동으로 자신을 말합니다. 중요한 건 꾸준함입니다. 내가 전하고 싶은 이야기를 어떤 방식으로든, 일관되게 이어가는 것. 그 과정 속에서 사람들은 나라는 브랜드를 기억하게 됩니다.

오늘날 디지털 세계는 우리 모두에게 빈 캔버스를 제공합니다. 그 위에 어떤 그림을 그려 나갈지는 온전히 당신의 선택입니다. 부디 다른 누군가의 그림을 모방하기보다, 당신만의 독특한 선과 색채로 세상에 단 하나뿐인 작품을 남기시길 바랍니다.

Z부터 베이비붐까지, 세대별 맞춤 전략

퍼스널 브랜딩은 누구에게나 필요하지만 모두에게 똑같은 방식으로 작동하지는 않습니다. 시대를 살아가는 방식이 다르면 자신을 표현하는 방식도 달라지기 마련입니다. 지금 이 순간에도 세대별로 서로 다른 언어와 플랫폼, 삶의 태도로 '퍼스널 브랜드'를 만들어가고 계신 분들이 있습니다.

Z세대는 자신의 정체성을 '짧고 빠르게' 드러내는 감각적인 표현을 추구하고, 밀레니얼 세대는 관계와 소통 속에서 자신의 철학을 드러내는 콘텐츠를 만들어가고 있습니다. X세대는 아날로그와 디지털 세계를 자유롭게 넘나들며 실용적 지혜를 전하고 있으며 베이비붐 세대는 삶의 궤적과 경험을 공유하며 후대와의 연결 속에서 의미를 찾아갑니다. 그렇기 때문에 퍼스널 브랜딩은 단일한 전략이 아닌, 각 세대의 맥락과 감성에 맞는 '맞춤형 설계'가 필요합니다.

Z세대의 표현형 브랜딩: 짧은 영상 속의 나, 감각으로 말하는 솔직함

Z세대(1997-2012년생)는 솔직함과 당당함으로 무장한 디지털 네이티브입니다. 태어날 때부터 인터넷과 함께 자란 그들은 텍스트보다 이미지를, 이미지보다 영상을 선호합니다. 말로 설명하기보다 보여주고, 짧은 순간에 강렬한 인상을 남기는 것이 이들의 특징

그림 15. 래퍼 이영지 유튜브 영상

입니다. 틱톡, 인스타 릴스, 유튜브 쇼츠 같은 숏폼 플랫폼은 이들이 자신을 당당하게 표현하는 무대가 되었습니다. 해시태그 몇 개, 영상 속 솔직한 표정, 자막의 리듬감까지도 Z세대가 자신을 드러내는 방식입니다.

래퍼 이영지는 솔직한 Z세대 자기표현의 대표적인 아이콘입니다. 힙합 오디션에서 두각을 나타낸 그녀는 랩이라는 경계를 넘어 예능, 패션, 소셜미디어까지 자신만의 당당한 정체성을 확장해 나갔습니다. 특히 그녀의 솔직하고 꾸밈없는 태도, '있는 그대로의 나'를 드러내는 용기는 Z세대의 '무필터' 정신을 완벽하게 보여줍니다.

이영지는 소셜미디어에서 화려한 스타의 모습이 아닌 실패와 도전의 순간들을 솔직하게 공유하며 진정성 있는 소통을 만들어 냈습니다. "나다운 게 최고의 무기"라는 그녀의 메시지는 Z세대의 당당한 자기표현 철학을 대변합니다.

Z세대가 브랜딩을 시작할 때 가장 먼저 던지는 질문은 "나는 누구인가?"가 아닙니다. 오히려 "나는 무엇을 믿고, 무엇을 위해 말하고 싶은가?"가 중심에 있습니다. 콘텐츠는 단순한 포트폴리오가 아니라 하나의 신념 표현이며, 관심 있는 주제에 대한 꾸준한 실행이 이들의 정체성을 형성해 나갑니다. 영상, 이미지, 음악, 자막의 감각적인 구성은 그들의 철학을 시각적으로 번역하는 방식입니다. 특정 색감이나 편집 스타일, 반복되는 오프닝 멘트와 같은 요소들은 '시각적 DNA'가 되어 브랜드의 일관성을 유지해 줍니다.

Z세대는 자신의 경험과 배움을 짧은 영상으로 공유하고, 자신이 배운 기술이나 툴의 사용법을 보여주며, 때로는 사회적 메시지를 감각적으로 녹여냅니다. 기후 위기, 인종차별, 젠더 평등, LGBTQ+ 권리 등 민감한 주제에 대해서도 적극적으로 목소리를 내고, 해시태그 액티비즘을 통해 집단적 연대를 만들어냅니다. 그들에게 영상 하나는 세상을 바꾸는 시작이 될 수 있습니다.

이들이 선호하는 콘텐츠는 일방적인 전달이 아니라 '대화'입니다. 댓글로 받은 사연을 영상화하거나, 구독자의 투표로 다음 영상의 주제를 정하고, 친구 또는 다른 크리에이터와 협업하여 세계관을 확장합니다. 이들은 팬을 '팔로워'가 아닌 '공동 창작자'로 대하며, 이야기를 함께 쓸수록 더 강력한 정체성이 완성된다고 믿습니다. 썸네일 투표, 주제 제안, 댓글 사연을 반영한 콘텐츠처럼 참여 구조를 설계하고, 친구나 다른 크리에이터와의 협업을 통해 세계관을 확장하며, 새로운 이야기의 가능성을 열어갑니다.

이러한 흐름 속에서 Z세대는 '솔직하고 빠르게 성장하는 잠재력 있는 인재', 또는 '자신만의 색깔을 가진 크리에이터'로서의 브랜드 이미지를 구축합니다. 브랜드를 만들기 위해 콘텐츠를 제작하는 것이 아니라, 자신의 콘텐츠가 곧 브랜드가 됩니다. 필터보다 '무필터'를, 편집된 삶보다 '날것의 삶'을 선택하는 이들의 용기와 솔직함은 새로운 시대의 브랜딩을 다시 정의하고 있습니다.

밀레니얼 세대의 가치 중심 브랜딩: 의미와 연결을 통한 성장

밀레니얼 세대(1981~1996년생)는 아날로그와 디지털의 전환기를 온몸으로 통과한 세대입니다. 이들은 기술에 익숙하면서도 그 안에 담긴 의미와 맥락을 중시합니다. 무조건 빠르고 자극적인 표현보다는, '왜 이것을 하는가'라는 질문에서 시작해, '무엇을 통해 누구와 어떻게 연결될 것인가'를 고민합니다. 이들에게 퍼스널 브랜딩은 단지 자신을 알리는 전략이 아닙니다. 그것은 자신의 가치를 실현하고, 그 가치를 통해 세상과 연결되는 하나의 사유적 여정입니다.

이 여정의 출발점은 단순한 기술이나 전문성의 나열이 아닙니다. 밀레니얼은 '나는 무엇을 할 수 있는가What'보다 '왜Why 그것을 하고 싶은가'에 천착합니다. 자신의 삶을 이끄는 내적 동기, 핵심 가치 그리고 세상에 기여하고자 하는 목적을 명확히 정의하는 것. 이것이 바로 퍼스널 브랜딩의 기반이 됩니다. 그리고 이렇게 정립된 '왜'는 콘텐츠를 만들고, 관계를 맺고, 일상을 설계하는 모든 선택의 나침반이 됩니다.

이러한 철학적 접근은 이들의 콘텐츠에도 그대로 투영됩니다. 화려한 비주얼보다는 내면의 성찰이 담긴 이야기, 완성된 결과보다는 그 과정에서의 성장과 실패, 도전의 흔적이 오히려 더 큰 공감을 이끕니다. 밀레니얼 세대는 콘텐츠를 통해 '나의 생각은 이렇고, 그래서 나는 이렇게 행동하고 있어요'라고 말합니다. 시청자나 독자는 단순한 구경꾼이 아닌 함께 고민하고 자극받는 공동 창작자 혹은 공동 탐구자입니다.

이런 흐름을 가장 잘 보여주는 대표적인 인물이 바로 '김겨울'입니다. 작가로 시작해 팟캐스트, 라디오, 강연, 싱어송라이터, 유튜브 〈겨울서점〉까지 활동 범위를 확장해 온 그녀는, 책과 음악, 언어와 사유를 통해 동시대 청년들의 고민을 함께 나눠왔습니다. 그녀의 콘텐츠는 '나를 보여주는 수단'이라기보다는, '이야기를 나누는 공간'이자 '사유의 플랫폼'에 가깝습니다. 시청자들은 그 안에서 단지 정보를 얻는 것이 아니라, 자신의 감정과 경험을 비춰보며 함께 성장해 나갑니다. 이처럼 밀레니얼은 콘텐츠를 '자기표현의 도구'가 아닌 '공감과 연결의 매개체'로 삼습니다.

커뮤니케이션 전문가 '희렌최' 역시 밀레니얼 세대의 가치 중심 브랜딩을 대표하는 사례입니다. 그는 한국예술종합학교 영화과를 졸업한 후 라디오 PD와 진행자를 거쳐, 현재는 약 66만 명의 구독자를 보유한 유튜브 채널 〈희렌최널〉을 운영하며 말하기, 소통, 관계에 대한 콘텐츠를 제작하고 있습니다. '할 말은 합니다', '호감의 시작' 등 저서를 통해 진심 어린 위로와 사유의 메시지를 전하며, 단순한 커뮤니케이션 기술이 아닌 삶의 태도와 성찰을 나누고 있습니다.

희렌최의 브랜딩은 '정답'이 아닌 '혜답'을 찾는 철학에서 출발합니다. 그는 사회초년생과 직장인, 일상에 지친 이들에게 "지금 이 고민을 하는 당신은 혼자가 아닙니다"라는 진정성을 전하며, 말의 기술보다 마음의 태도를 먼저 다룹니다. 라디오 제작자이자 강연가로서 축적해 온 경험은 그의 메시지에 깊이를 더하며, 국내 주요 기업에 출강하는 강사로도 활동하고 있습니다. 유튜브, 책, 강연을 넘나드는 그의 콘텐츠는 결국 '말하기를 통해 삶을 다시 읽는 연습'이자, '듣는 사람을 먼저 생각하는 태도'로 귀결됩니다.

이들이 선호하는 플랫폼 또한 다채롭습니다. 링크드인, 블로그, 유튜브, 인스타그램, 뉴스레터, 카카오채널 등 다양한 디지털 공간을 자유롭게 넘나들며, 각 채널의 특성과 자신의 메시지에 맞는 방식으로 소통을 시도합니다. 특히 일방적인 홍보나 정보 전달보다, 진솔하고 지속적인 대화, 피드백을 기반으로 한 커뮤니티 형성을 중요하게 생각합니다.

콘텐츠의 주제도 업무의 과정과 결과, 한 분야에 대한 깊이 있는 통찰, 일상에서의 고민과 성장, 다양한 관심사의 연결과 실험 등 복잡하고 깊습니다. 이러한 콘텐츠는 단순한 정보나 자기자랑이 아니라, 의미 있는 대화의 시작점이 됩니다.

밀레니얼 세대의 브랜드 이미지는 '성장하고 배우는 열정적인 전문가' 또는 '자신의 가치를 실현하는 혁신가'로 귀결됩니다. 이들은 얼마나 많은 사람들이 자신을 알고 있는가보다, 내가 어떤 변화와 가치를 만들어내고 있는가에 더 큰 가치를 둡니다. 결국, 밀레니얼에게 퍼스널 브랜딩이란 자신의 전문성과 가치관을 통해 의미 있는 영향력을 행사하고 성장해 가는 여정입니다. 그들은 '얼마나 많은 사람들이 나를 아는가'보다 '내가 어떤 변화와 가치를 창출하고 있는가'를 더 중요하게 생각합니다.

X세대의 융합형 브랜딩: 경험과 디지털을 잇는 가교

X세대(1965~1980년생)는 아날로그 시대의 성장기와 디지털 혁명의 중심을 동시에 경험한 세대입니다. 이들은 전통적 미디어와 최신 디지털 플랫폼을 모두 이해하고 활용할 수 있는 능력을 바탕으로 두 세계를 잇는 '가교^{Bridge}' 역할을 수행합니다. 퍼스널 브랜딩에 있어서도 X세대는 '실용적 진정성'을 핵심 가치로 삼으며, 수십 년간 쌓아온 전문 지식과 경험을 현대적 방식으로 공유함으로써 젊은 세대와 시니어 세대 간의 소통을 주도하고 있습니다.

그림 16. 김창옥 TV

'대한민국 최고의 소통왕'이라는 확고한 브랜드 이미지를 구축한 김창옥 강사는, X세대 퍼스널 브랜딩의 대표 사례입니다. 그는 교단에서 시작한 자신의 커리어를 오프라인 강연, 책 출판 그리고 유튜브 채널로 확장하며, 온라인과 오프라인을 아우르는 통합적 브랜드를 완성해 냈습니다. 그의 이름은 이제 '소통'을 말할 때 가장 먼저 떠오르는 대표명사가 되었으며, 이는 곧 퍼스널 브랜딩의 정점이라 할 수 있습니다. 김창옥은 사람 간의 관계, 리더십, 삶의 태도에 대한 통찰을 다양한 세대의 청중에게 전달하며, 콘텐츠를 통해 공감과 영감을 동시에 선사하고 있습니다.

또 다른 사례로는 유현준 건축가가 있습니다. 그는 단순히 건축이라는 분야에 머무르지 않고, 도시와 인간의 삶이 어떻게 연결되어 있는지를 통찰하는 콘텐츠를 꾸준히 선보이며 대중의 주목을 받아왔습니다. 『도시는 무엇으로 사는가』, 『어디서 살 것인가』 등 저서를 통해 공간을 바라보는 철학적 시각을 제시해 왔고, 유튜브 채널과 강연 활동을 통해 전문성과 소통력을 겸비한 퍼스널 브랜드를 구축해 왔습니다. 그의 메시지는 도시와 건축이라는 전문 분야를 넘어 일상과 사회를 잇는 융합적 브랜딩의 좋은 예시가 됩니다.

X세대는 실무 능력, 문제 해결력, 유연한 사고, 경험과 트렌드를 연결하는 통찰력을 중심으로 브랜드를 형성합니다. 이들은 단기적인 유행보다 장기적 효용성과 실질적인 가치에 주목하며, 입증된 결과와 인사이트 중심의 메시지를 선호합니다. 특히 자신만의 독특한 커리어 경로와 그 속에서 체득한 교훈을 기반으로 한 '경험 기반 콘텐츠'는 쉽게 검색해서 얻을 수 없는 고유한 자산이 됩니다. 이러한 콘텐츠는 진정성과 실용성을 모두 갖춘 정보로서 신뢰를 이끌어 냅니다.

플랫폼 활용에서도 X세대는 매우 전략적입니다. 링크드인, 페이스북, 유튜브, 팟캐스트, 전문 커뮤니티, 개인 블로그나 웹사이트 등 다양한 채널을 병행하며, 온라인과 오프라인을 자연스럽게 넘나듭니다. 이들은 솔직하고 효율적인 소통을 선호하며, 오프라인 강연이 유튜브 콘텐츠로 이어지고, 디지털 뉴스레터가 대면 워크숍으로 확장되는 등 아날로그와 디지털을 유기적으로 결합하는 방식으로 브랜딩을 실현합니다.

주요 콘텐츠 주제 역시 X세대의 성향을 반영합니다. 실제 업무에서의 성공 사례, 특정 분야의 깊이 있는 지식, 일과 삶의 균형에 대한 철학 그리고 사회 변화에 대한 분석 등은 이들이 자주 다루는 주제입니다. 이론보다 실질적인 문제 해결 방법에 초점을 맞추고, 트렌드에 휩쓸리기보다는 자신만의 원칙과 가치 중심의 메시지를 일관되게 유지합니다.

이러한 특성을 바탕으로, X세대의 퍼스널 브랜딩은 '실력과 균형을 갖춘 믿음직한 전문가' 또는 '유연하게 변화를 이끄는 리더'라는 브랜드 이미지를 효과적으로 구축할 수 있습니다. 이들의 강점은 단순히 정보를 전달하는 것이 아니라, 경험을 통해 검증된 지혜를 나누는 데 있습니다. 급변하는 디지털 시대에서도 본질을 잃지 않으면서 새로운 변화를 수용하는 X세대의 브랜딩 방식은 지속 가능하고 신뢰할 수 있는 개인 브랜드 구축의 모범 사례가 되고 있습니다.

베이비붐 세대의 유산형 브랜딩: 삶의 지혜를 나누는 멘토십

베이비붐 세대(1946-1964년생)는 디지털 이전 시대에 성장했지만, 점차 디지털 환경에 적응하며 자신만의 방식으로 온라인 존재감을 구축하고 있습니다. 이들의 퍼스널 브랜딩은 '기록'과 '공유'에 기반합니다. 단 한 줄의 조언, 한 장의 사진, 오랜 경력을 담은 한 권의 자서전까지, 그들의 삶의 궤적은 그대로 콘텐츠가 됩니다. 최근에는 유튜브나 블로그에서 '인생 선배'로서 후배 세대에게 실질적인 삶의 지혜를 전하는 시니어 크리에이터들이 늘고 있습니다.

흥미롭게도 베이비붐 세대는 AI를 활용한 퍼스널 브랜딩에서 특별한 우위를 가지고 있습니다. 앞에서 강조했지만 AI는 방대한 데이터를 학습하지만 종종 '환각hallucination' 현상을 보이며 부정확한 정보를 생성하기도 합니다. 하지만 베이비붐 세대가 보유한 깊이 있는 실무 경험과 검증된 지식은 AI의 이러한 한계를 보완하는 핵심적인 10%의 진짜 지식이 됩니다. 더욱 중요한 것은 이들이 평생에 걸쳐 축적한 '가르치는 경험'입니다. 후배 직원 멘토링, 자녀 교육, 제자 지도 등을 통해 어떻게 지식을 전달하고 학습을 촉진해야 하는지에 대한 노하우를 체득하고 있습니다..

'일의 현인'이라 불리는 전 KT 신수정 부사장은 약 5만 명 가까운 링크드인 팔로워를 보유하고 있으며, 『일의 격』, 『통찰의 시간』, 『거인의 리더십』 등 다수의 베스트 셀러를 통해 리더십과 커리어에 대한 통찰을 전하고 있습니다. 오랜 기업 경력을 바탕으로 진정성 있는 글을 소셜미디어에 꾸준히 공유하며, 일과 삶에 대한 통찰을 통해 수많은 사람들과 정서적 공감대를 형성해 왔습니다. '축적 후 발산'이라는 철학처럼, 자신의 경험과 지혜를 축적한 뒤 세상과 나누는 방식은 베이비붐 세대의 브랜딩 모델에 강한 영감을 줍니다.

유튜브 콘텐츠 〈매력도시〉의 전창록 교수 역시 오랜 기업 경력 후 콘텐츠 크리에이터로 변신했습니다. 그는 자신의 이름을 걸고 콘텐츠 브랜드를 만들고, 도시와 사람, 산업과 문화에 대한 이야기를 심층적으로 풀어내며, 다양한 게스트를 초대해 삶의 철학과 경험을 나누는 대화형 콘텐츠를 제작하고 있습니다. 그의 채널은 단

그림 17. 신수정 링크드인

순한 인터뷰를 넘어, 베이비붐 세대가 가진 관찰력과 통찰을 현대적으로 재해석하는 소통의 장으로 자리매김하고 있습니다.

광고인 박웅현은 『인문학으로 광고하다』, 『책은 도끼다』 등의 저서를 통해 광고를 넘어 '삶의 태도'를 이야기하는 콘텐츠로 대중과 깊은 교감을 이루어 왔습니다. 그의 메시지는 단순한 마케팅을 넘어, 사람의 내면을 울리는 인문학적 브랜드로 확장되었습니다. "사람을 향합니다", "생각이 에너지를 만든다" 같은 그의 광고 문구는 제품의 기능보다 사람의 마음에 닿는 가치를 중시하는 태도를 담고 있습니다. 박웅현은 TV 광고, 강연, 저술 등 다양한 채널을 넘나들며 "좋은 삶이란 무엇인가?"라는 본질적 질문을 던졌고, 이는 곧 자신만의 철학적 브랜드가 되어 수많은 이들에게 깊은 영감을 주었습니다.

베이비붐 세대는 오랜 경력에서 얻은 지혜와 리더십, 신뢰와 안정성을 기반으로 브랜드를 구축합니다. 이들의 퍼스널 브랜딩 전략은 풍부한 맥락과 서사를 담은 스토리텔링을 중심으로 전개됩니다. 단편적 정보보다, 자신의 삶에서 길어 올린 교훈과 통찰을 이야기 형식으로 전달할 때 비로소 깊은 감정적 연결이 형성되며, 브랜드는 기억에 오래 남습니다. 트렌드를 쫓기보다 자신이 평생 지켜온 원칙과 철학을 중심에 둠으로써, 신뢰의 기반을 더욱 단단히 다져갑니다.

플랫폼 활용 방식 역시 이 세대만의 전략이 담겨 있습니다. 링크드인, 오프라인 모임(협회, 동문회), 컨퍼런스 발표, 언론 기고, 저서 출간, 유튜브 등 다양한 채널을 통해 자신을 알립니다. 이들은 정중하고 격식 있는 소통을 선호하며, 빠르고 짧은 트렌드보다는 깊이 있는 대화와 신뢰 기반의 관계 형성을 중시합니다. 또한 필요에 따라 자녀나 젊은 동료와 협력해 디지털 역량을 보완하며, 세대 간 협업 자체를 브랜딩 자산으로 삼기도 합니다. 협업은 단순한 실행 지원을 넘어, 지식과 경험의 세대 간 이전이라는 본질적인 가치를 담고 있습니다.

이들이 생산하는 콘텐츠는 성공 사례와 위기 극복 경험, 산업 발전 방향에 대한 통찰 그리고 후배 세대를 위한 멘토링 메시지를 중심으로 구성됩니다. 특히 개인의 성공보다는 자신이 속한 공동체와의 관계 그리고 다음 세대에 남기고 싶은 유산을 중심으로 한 내러티브가 더욱 효과적입니다.

이러한 맥락에서, 베이비붐 세대는 '경험에서 우러나온 지혜로운 전문가' 또는 '존경받는 멘토'로서의 브랜드 이미지를 구축할 수 있습니다. 그들은 단순한 지식 전달자가 아닌, 삶의 철학과 태도를 공유하며 다음 세대에 진정성 있는 영향을 남깁니다. 가장 큰 강점은 바로 '진정성과 깊이'입니다. 변화가 빠른 시대 속에서도 이들은 변하지 않는 가치와 원칙을 제시하며, 고유한 신뢰감을 형성합니다.

결국, 베이비붐 세대에게 퍼스널 브랜딩이란 '삶을 유산으로 남기는 행위'입니다. 단순히 지나온 시간을 기록하는 것이 아니라, 누군가에게 의미 있는 조언이 되기를 바라는 마음에서 비롯되는 것입니다. 그리고 그 진심이 콘텐츠를 통해 전달될 때, 그들의 브랜드는 신뢰와 감동이라는 이름으로 깊이 있게 사람들의 마음에 남습니다.

경계를 허무는 퍼스널 브랜딩의 미래

지금까지 세대별 특성에 따른 퍼스널 브랜딩 전략을 살펴보았습니다. 그러나 이러한 세대 구분은 결국 하나의 틀일 뿐, 실제 개인의 정체성은 훨씬 복합적이고 유동적입니다. 미래의 퍼스널 브랜딩은 '세대'라는 경계를 넘어, 개인의 고유한 가치와 다양한 정체성이 중심이 되는 방향으로 진화하고 있습니다. 디지털 환경에서 자란 Z세대 중에도 아날로그적 깊이를 추구하는 이들이 있고,

베이비붐 세대 중에도 디지털 플랫폼에서 혁신적 실험을 이어가는 크리에이터가 있습니다. 이제는 '표준화된 브랜딩'이 아닌, '하이브리드 브랜딩'의 시대로 향하고 있습니다.

퍼스널 브랜딩의 본질은 결국 '나를 어떻게 규정할 것인가'가 아니라, '나는 어떤 가치를 창출하고 공유할 것인가'에 있습니다. 플랫폼의 선택, 표현 방식, 소통 전략은 단지 도구일 뿐 진정한 브랜딩의 힘은 당신이 세상에 전하는 메시지의 진정성과 가치에서 비롯됩니다. 앞으로의 퍼스널 브랜딩은 어쩌면 세대별 특성보다, 각자가 추구하는 가치와 비전에 따라 더 다양하게 분화될지도 모릅니다. 이 책을 읽는 독자님들은 어떤 가치를 중심으로, 어떤 메시지를 전하며, 어떤 변화를 만들어가고 싶습니까?

AI가 당신을 알고
당신의 경험을 기억하게 되면,
더 이상 도구가 아니라
동반자처럼 느껴지기 시작합니다.

— 코너 그레넌, AI Mindset CEO

5장

퍼스널 브랜딩의 확장, 나를 대변하는 AI 에이전트

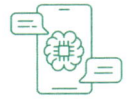

퍼스널 AI 에이전트의 탄생

콘텐츠 제작을 넘어, 나의 철학과 언어, 감정과 태도를 학습한 AI 에이전트가 나를 대신해 소통하고, 창작하고, 일하는 시대가 현실이 되었고 이는 결국 퍼스널 브랜딩의 경계를 근본적으로 확장하고 있습니다.

AI 에이전트^{AI Agent}는 생성형 AI 진화의 최신 단계로, 인간의 행동을 모방하고 자율적으로 작업을 수행할 수 있는 기술을 의미합니다. 딜로이트가 발표한 TMT^{Technology, Media & Telecommunications} 예측 보고서*에 따르면, 2025년에는 생성형 AI를 사용하는 기업의 25%가 AI 에이전트의 파일럿 프로젝트나 개념 증명을 시작하고, 일부 AI 에이전트 애플리케이션이 실제 워크플로우에 도입될 가

* Deloitte, "TMT Predictions 2024: The rise of AI agents", 2023.

능성이 있다"라고 밝혔습니다. 그러면서 2027년에는 "이 비율이 절반까지 증가할 전망이다"라고 예측했습니다.

기업 입장에서 AI 에이전트는 지식 노동자의 생산성을 높이고 다양한 워크플로우를 더욱 효율적으로 만들 수 있는 장점이 있습니다. 최근 마이크로소프트가 공개한 AI 에이전트 플랫폼 '코파일럿 스튜디오'는 이용자들이 복잡한 업무를 처리하는 자율 에이전트를 직접 구축할 수 있고, 일일이 명령어를 입력할 필요 없이 실시간 음성 통역을 통해 다양한 언어로 자유롭게 소통할 수 있다고 밝혔습니다.˙ 또한 시스코는 AI가 고객 문의에 사람처럼 대화하며 자동 응대하는 '웹엑스 AI 에이전트'를 최근 공개했는데 기존의 단편적인 응대만 하던 챗봇에서 벗어나 이제 정말 대화하며 문제를 해결하는 AI 컨택센터 상담원을 곧 볼 수 있을 것 같습니다.

하지만 더 흥미로운 변화는 개인 영역에서 일어나고 있습니다. 2024년 3월 GTC(엔비디아 개발자 콘퍼런스) 기조연설에서 엔비디아의 젠슨 황 CEO가 "사람들이 마침내 가장 바라던 것을 갖게 될 것입니다. 누구나 자신만의 AI를 가지게 될 거예요."라고 언급했듯이 이는 단순한 미래 전망이 아닌, 이미 현실이 되어 가는 모습입니다. 퍼스널 AI 에이전트는 사용자를 학습하고 대리하는 맞춤형 AI 조력자입니다. 예를 들어 인플렉션 AI의 파이^{pi}는 조용하고 따뜻한 대화를 지향하는 개인 비서형 AI로, 사용자의 감정에 섬세하

˙ Microsoft, "Introducing Microsoft Copilot Studio", 2023

그림 18. Sensay 홈페이지

게 반응합니다. 캐릭터 AI$^{Character.ai}$는 사용자가 직접 다양한 캐릭터를 만들고, 그 캐릭터와 대화하며 AI의 인격을 설정할 수 있는 플랫폼입니다. 그리고 오픈 AI^{OpenAI}의 커스텀 GPT$^{Custom\ GPT}$는 사용자가 직접 자신의 목적과 스타일에 맞게 GPT를 세팅해, 나만의 AI 조수처럼 활용할 수 있도록 돕습니다.

이들은 사용자의 언어, 성향, 지식을 학습해 마치 '또 다른 나'처럼 행동하는 디지털 분신이 됩니다. 스타트업 센세이^{Sensay}는 개인의 데이터를 훈련해 그 사람처럼 말하고 행동하는 AI 복제본을 만들고 있습니다.

퍼스널 AI 에이전트의 등장은 AI를 바라보는 관점을 '도구^{tool}'에서 '파트너이자 동반자^{agent}'로 전환시키고 있습니다. 과거의 챗봇이나 자동 응답 시스템이 주어진 스크립트와 규칙에 따라 움직이는 자동화 도구였다면 퍼스널 AI 에이전트는 한 단계 나아가 사용자의 정체성과 판단력을 내재한 조력자라 할 수 있습니다. 다시 말해, 이들은 미리 프로그램된 답변만 내놓는 것이 아니라 나의 가치관과 의사결정 방식을 반영하여 상황에 맞게 대응합니다. 예컨대 단순 AI 비서는 "일정 확인해 줘"라는 요청에 캘린더를 조회해 일정만 알려줄 것입니다.

반면 정체성 기반으로 설계된 퍼스널 AI 에이전트는 일정 안내에 그치지 않고, 사용자인 내가 중요하게 여기는 가치까지 고려해 조언할 수 있습니다. 내가 가족과의 시간을 최우선시하는 사람이라는 철학을 가지고 있다면, 퍼스널 에이전트는 일정 충돌 시 가족 모임을 우선하도록 일정을 재조정하거나, 과로를 피하려 휴식 시간을 확보하라는 식의 주체적인 판단과 제안까지 해줄 수 있습니다. AI는 이제 단순한 기술을 넘어, 사람의 말투와 감정, 태도까지 정교하게 흡수하고 표현할 수 있는 단계에 이르렀습니다.

퍼스널 브랜딩의 본질이 '나라는 사람의 스토리를 세상에 어떻게 잘 전달할 것인가'에 있다면, 이 역할을 가장 충실히 수행할 수 있는 존재가 더 이상 '나 자신'만은 아닐 수 있습니다. 어쩌면 지금 이 순간 당신의 생각과 글을 가장 많이 듣고, 읽고 있는 사람은 당신이 아니라 AI일지도 모릅니다. 이러한 모습은 더 이상 AI를 수동적 도구로 보기 어렵게 만들며, '나의 분신'으로서 AI가 나와 함께 생각하고 결정하는 단계로 나아가고 있음을 보여줍니다. 퍼스널 AI 에이전트는 사용자를 대신해 일하는 동반자로 진화하고 있으며, 사용자의 목표를 이해하고 스스로 판단하는 자율성이 핵심 특징입니다.

즉, 이들은 프로그래머가 짠 규칙에만 의존하지 않고, 훈련된 나의 철학과 선호에 기반하여 새로운 상황에서도 적절히 대응하는 일종의 인격체 같은 존재입니다. 물론 여기서 말하는 '인격'이 실제 자아의 모든 면을 갖췄다는 뜻은 아니지만, 최소한 나의 의사결정 패턴과 가치 기준을 반영함으로써 행동의 일관성과 신뢰성을 높인다는 의미입니다. 이런 <u>정체성 기반 AI는 사용자인 내가 안심하고 맡길 수 있는 디지털 대리인이 되어 줍니다.</u>

예를 들어 챗GPT의 커스텀GPT를 활용하면 사용자의 문체와 말투를 학습시켜 자동으로 콘텐츠를 생성할 수 있습니다. 퍼스널 브랜딩에서 중요한 '일관된 메시지 유지'를 AI 에이전트가 정확히 구현해 내는 것입니다. AI는 단순히 정보를 다루는 기술을 넘어 '나'라는 브랜드의 일관성과 개성을 보존하고 확장하는 존재로 진화하고 있습니다. 퍼스널 AI 에이전트는 점점 더 많은 사람들에게 나의 디지털 정체성을 형성하는 핵심 요소가 되어가고 있습니다.

미래에는 '나'라는 존재가 물리적 세계의 나와 디지털 세계의 나로 이원화되면서도, 하나의 통합된 정체성으로 인식될 것입니다. 주목할 점은 이 AI 에이전트가 단순히 나를 모방하는 것이 아니라, 나의 본질적 가치와 철학을 바탕으로 진화한다는 점입니다.

24시간 소셜미디어에서 나를 대신해 소통하고, 나의 글쓰기 스타일로 콘텐츠를 제작하며, 내 관심사에 맞춰 네트워킹을 자동화

합니다. 또한 개인화된 지식 관리와 일상 업무의 자율 처리도 가능해집니다. 내가 시간과 체력의 한계 속에서 머물러 있었다면, '나와 같은 철학을 공유한 존재'가 나를 대신해 퍼스널 브랜드를 지키고 성장시킵니다.

퍼스널 복제의 3요소: 철학, 언어, 기억

그렇다면 나와 닮은 AI를 만든다는 것은 구체적으로 무엇을 복제한다는 뜻일까요? 앞서 살펴본 퍼스널 AI 에이전트의 특성을 실현하기 위해서는 철학Philosophy, 언어Language, 기억Memory의 3가지 요소를 중점적으로 구현해야 합니다. 이 3요소는 곧 나의 디지털 복제 시스템을 이루는 핵심 기둥으로서 각각 세계관, 표현 방식, 경험 축적 측면을 담당합니다.

철학Philosophy: 나의 가치관

퍼스널 AI 에이전트에게 '철학'이란 사용자인 나의 가치관을 뜻합니다. 이는 무엇을 옳다고 보고 어떤 것을 우선시하는지에 대한 나만의 판단 기준입니다. 인간인 '나'는 삶의 경험을 통해 고유한 철학을 갖게 됩니다. 예를 들어 정직을 최우선 가치로 삼는 사람, 효율과 실용을 중시하는 사람, 창의성과 개성을 중시하는 사람 등

각자 나름의 가치관이 있습니다.

퍼스널 AI 에이전트가 진정 나를 대변하려면 가치 판단의 틀을 이해하고 따를 수 있어야 합니다. 단순한 업무 자동화라면 가치관이 개입될 여지가 크지 않지만, 의사결정형 에이전트라면 같은 상황에서도 어떤 선택을 하느냐가 중요하기 때문입니다. 예컨데 내 철학이 '고객 만족이 최우선'이라면, 에이전트도 고객 문의에 답할 때 회사 이익보다 고객 입장을 대변하는 쪽으로 답변할 것입니다. 반대로 '원칙 준수'를 중시하는 편이라면, 아무리 고객이 화를 내도 지켜야 할 선은 지키는 쪽으로 대응할 것입니다.

이렇게 에이전트의 행동 방향을 결정짓는 나만의 기준이 철학 요소입니다. 이를 구현하려면 평소 내가 했던 선택들과 발언들, 신념이 담긴 글이나 인터뷰 등을 AI에게 충분히 학습시켜야 합니다. 실제 트윈 프로토콜Twin Protocol 같은 AI 플랫폼은 사용자의 저서나 강연, 음성 메모 등 개인의 사상과 지식이 담긴 자료를 수집해, 거기서 '어떤 의도로 말했는지'까지 파악하는 페르소나 AI 레이어를 적용한다고 합니다.

궁극적으로, 퍼스널 AI 에이전트는 나의 철학적 지향을 내재하여 내가 세상을 보는 방식대로 문제를 바라보고 해결하려 합니다. 이는 디지털 복제가 단순히 행동을 흉내내는 단계를 넘어, 가치관을 계승하는 방향으로 진화함을 의미합니다

언어 Language: 나만의 문체

'언어'는 말 그대로 내가 표현하는 방식, 즉 나만의 문체와 화법을 가리킵니다. 사람마다 같은 내용을 말하거나 글로 써도 표현 방식에 차이가 있습니다. 어떤 이는 비유와 유머를 곁들이고, 어떤 이는 간결하고 논리적으로 말합니다. 퍼스널 AI 에이전트가 내 대리인으로 소통하려면 이런 고유한 언어 스타일을 정확히 익혀야 합니다. 이는 상대방에게 '정말 그 사람처럼 느껴지는' 경험을 주는 데 핵심입니다.

실제 사례를 보면, 앞서 언급한 센세이의 AI 복제본들은 사용자 음성, 영상, 이메일 등을 학습하여 말투, 억양, 어휘 선택까지 놀랍도록 흡사하게 구현해 냅니다. 챗GPT의 커스텀GPT 역시 내가 쓴 보고서 등을 공유해 주고 학습시킨 후 다른 주제를 던지면 놀랍게도 내가 쓴 글처럼 보고서를 대신해서 구현합니다. 이러한 언어적 복제를 위해서는 나의 평소 화법 데이터가 중요합니다. 내가 쓴 글(블로그, 논문, 소셜미디어 포스트 등)과 말한 기록(동영상, 팟캐스트 등)을 충분히 모아 학습시키면 AI는 거기서 자주 쓰는 어휘, 문장 길이와 구조, 어조 등을 통계적으로 익히게 됩니다.

예를 들어 내가 대화에서 "~군요"처럼 부드러운 종결어를 자주 쓰는지, 아니면 "~합니다"처럼 딱딱한 어투를 쓰는지, 이모티콘이나 감탄사를 많이 사용하는지 등의 패턴을 배우는 것입니다. 한 걸음 더 나아가 유머러스한 비교를 즐긴다거나, 격언이나 데이터를 인용하기를 좋아한다거나 하는 습관까지 포착할 수 있습니다.

이렇게 학습한 언어 스타일을 통해 퍼스널 AI 에이전트는 마치 내가 직접 말하거나 쓴 것 같은 자연스러운 표현을 만들어 냅니다. 실제 한 사용자는 자신의 AI 분신과 텔레그램으로 장시간 대화했는데 90~95%는 진짜 본인과 구분이 안 될 정도로 말투와 대응이 유사했다고 증언했습니다. 그 정도로 언어적 요소가 잘 구현되면, AI가 대신 쓴 이메일이나 댓글을 받고서도 상대는 여전히 내가 직접 쓴 줄로 믿게 될 가능성이 높아집니다.

이는 퍼스널 브랜딩 측면에서 '일관된 목소리 유지'라는 큰 장점을 줍니다. 예컨대 팬들은 내가 여러 채널에서 한 말이나 글이 항상 일맥상통하는 톤앤매너를 보이면 더 강한 브랜드 일체감을 느낄 것입니다. 퍼스널 AI 에이전트가 나의 문체를 철저히 지켜준다면 이러한 콘텐츠 일관성을 자동으로 담보할 수 있습니다. 그러므로 언어, 곧 나만의 표현 방식의 복제는 퍼스널 AI 에이전트의 성공에 필수적인 요소입니다.

기억Memory: 나만의 관계

인간을 인간답게 만드는 중요한 요소 중 하나는 기억입니다. 우리가 서로의 이야기를 기억하고, 그 기억을 바탕으로 관계를 이어 나가는 것처럼 퍼스널 AI 에이전트 역시 그 역할을 제대로 수행하기 위해선 맥락을 기억하고, 그 기억을 쌓아가는 능력이 필수적입니다. 이 능력은 단순히 정보를 저장하는 것을 넘어서, 시간을 거슬러 올라가며 사람과 사람 사이의 연결 고리를 만들어 가는 힘입니다. 기억이 없다면, 그 어떤 관계도 진정성을 가질 수 없듯이, AI도 그 맥락을 이해하고 반응할 수 있어야만 진정한 소통이 가능해집니다.

여기서 말하는 기억이란 단순히 대화 몇 줄을 저장하는 것이 아니라, 시간이 지날수록 학습을 계속하여 진화하는 장기 메모리를 의미합니다. 예를 들어 누군가 AI 에이전트와 여러 번 이야기를 나눴다면, 다음에 또 대화할 때 이전에 나눈 이야기를 참고해 이어갈 수 있어야 인간과 비슷한 대화의 연속성이 생깁니다.

퍼스널 에이전트는 특정 사람과 주고받은 옛 메시지, 그 사람이 선호하는 스타일, 과거에 한 약속 등을 기억하고 있다가 그것을 토대로 최적의 반응을 이끌어 낼 수 있습니다. 예컨대 내가 1년 전 만난 고객에게 AI 에이전트가 답장을 보낼 때, 그동안의 대화 내용과 고객 정보를 기억해 두었다가 "지난번에 말씀하신 프로젝트는 잘 진행되고 있으신가요?"라고 언급한다면, 고객은 놀라움과 함께 세심한 맞춤 대응에 감동할 것입니다. 이런 기억 능력이 없다면 AI는 매번 처음 만난 사람처럼 상투적인 답만 내놓을 테고, 이는 퍼스널 에이전트로서 부족한 모습일 것입니다.

다행히도 현대 AI 기술에서는 데이터센터의 확장과 더불어 대용량의 대화 기록과 데이터를 저장하고 참고하는 것이 가능해지고 있습니다. 대화형 AI에 장기 메모리를 부여하기 위한 연구가 활발하며, 일부 개인용 AI는 사용자와의 상호작용 기록을 축적하여 점점 더 사용자에 최적화된 조언과 콘텐츠를 생산해 냅니다. 경험의 축적은 퍼스널 AI를 시간이 지날수록 업그레이드되는 자산으로 만들어 줍니다.

또한 기억 요소는 관계 형성과도 맞물려 있습니다. 사람들은 오랜 친구와 나누는 대화에서 깊은 유대감을 느끼듯 AI도 만약 나와의 추억과 대화들을 기억하고 있다면 더 인간적인 친밀감을 줍니다. 퍼스널 AI 에이전트는 이러한 장기적인 관계 형성을 목표로 개발됩니다. 초기에 부족했던 대답도 시간이 지날수록 사용자에 맞게 세밀해지고, 신뢰를 쌓아가는 파트너가 되는 것입니다.

철학이 바탕에 깔린 판단으로 나만의 언어로 전달되고, 거기에 기억을 더해 맥락 있는 상호작용을 지속할 때 비로소 디지털 세계에서 나와 유사한 인격체가 완성됩니다. 그것은 단순히 프로그램이 아니라 내 삶과 철학이 담긴 또 하나의 존재가 되어, 나의 퍼스널 브랜딩을 확장하는 중요한 키가 됩니다. 결국 퍼스널 AI 에이전트는 나와의 끊임없는 대화와 교감을 통해 나를 더욱 진지하고 깊이 있게 이해하며, 내 브랜드의 목소리를 세상에 더욱 뚜렷하게 전달하는 역할을 하게 될 것입니다.

퍼스널 AI 에이전트의 다양한 역할과 활용

이처럼 나의 철학과 언어, 기억을 갖춘 퍼스널 AI 에이전트는 현실에서 다양한 방식으로 활용될 수 있습니다. 개인이 일일이 하기에는 벅찬 커뮤니케이션과 콘텐츠 생산 업무를 에이전트가 상당 부분 도와줄 수 있기 때문입니다. 특히 콘텐츠 제작, 소셜미디어 운영, 고객 및 커뮤니티 대응 같은 분야에서 퍼스널 AI 에이전트의 가치는 이미 실전에서 검증되어 가고 있습니다.

콘텐츠 에이전트: 내 문체와 말투로 자동 창작하다

나의 글쓰기 스타일, 표현 방식을 학습한 AI는 내가 바쁠 때도 나의 목소리로 콘텐츠를 제작할 수 있습니다. 개인 블로그 글 초안을 쓰거나, 소셜미디어 게시물을 내 문체로 작성해 주는 에이전트가 대표적입니다. 최근에는 텍스트를 넘어 이미지, 영상, 음성 콘텐츠까지 제작하는 시대에 접어들었습니다. AI가 나의 발표 스타일로 유튜브 스크립트를 구성하고, 내가 자주 사용하는 시각 스타일을 반영한 콘텐츠까지 자동으로 생성하는 것도 가능해졌습니다.

대표적인 AI 에이전트인 스콧[Skott]은 사용자의 목소리와 스타일을 일관되게 유지하면서 다양한 플랫폼별 맞춤 소셜미디어 콘텐츠 제작 및 적합한 이미지와 비디오를 자동으로 생성하고 일정에 맞춰 포스팅해 주는 기능으로 큰 호응을 얻고 있습니다. 이처럼

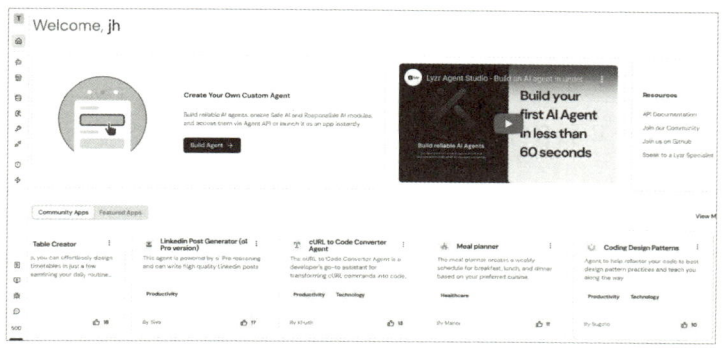

그림 19. Skott AI 에이전트 제작화면

AI 에이전트가 내 전문성에 기반한 글을 대량으로 생산해 준다면, 한 사람이 다수의 플랫폼에 풍부한 콘텐츠를 꾸준히 발행하는 것도 가능하기에 이미 많은 선구자들은 사용하고 있습니다. 필자 역시 이 스콧을 활용해 강의자료의 기초 구조를 설계하고, 아이디어 스케치나 키워드 제안, 제목 추천 등 다양한 단계에서 보조를 받고 있습니다.

그렇게 완성된 강의교안은 AI와 함께 만든 '공동 창작물'이 됩니다. 중요한 것은, <u>AI가 나를 대체하는 존재가 아니라, 나의 창의성을 확장하는 동료</u>라는 점입니다. 창작의 출발점은 여전히 나의 질문과 생각에서 시작되지만, AI는 그것을 구조화하고 확산하는 데 있어 강력한 추진력을 제공합니다. 특히 바쁜 직장인이나 전문가들에게 콘텐츠 에이전트는 강력한 조력자가 됩니다. 단 몇 번의 명령어만으로 '나만의 스타일을 잃지 않으면서도' 콘텐츠를 제작하고 발행할 수 있게 되는 것이죠. 그러면 사이드잡으로 블로그나 소셜미디어를 통해 수익 창출을 할 수도 있고, 실제 많은 이들이 이미 실천하고 있습니다.

상담 에이전트: 내 철학으로 소통하고 공감하는 대화

영화 〈Her〉를 보셨다면 그 안에서 보여주는 AI와의 관계가 얼마나 감정적으로 깊고 복잡한지를 기억하실 겁니다. 영화 속 주인공인 테오도르가 자신의 감정을 AI인 사만다와 나누며 점차 정서적 연결을 느끼게 되는 이야기에서는 AI가 단순히 정보나 작업을 처리하는 존재를 넘어, 인간과의 진정한 소통을 이루는 존재로 변화하는 과정을 그립니다. 〈Her〉에서처럼 퍼스널 AI 에이전트는 이제 감정적 맥락을 이해하고, 그에 맞는 톤으로 반응하는 능력을 갖추고 있습니다.

AI는 더 이상 단순히 정보를 제공하는 기계가 아닙니다. 이제는 인간의 말투, 뉘앙스, 감정의 흐름을 분석하고 그에 맞춰 소통하는 '공감의 기술'을 지니고 있습니다. 예를 들어, 상담사로 활동하는 심리 코치가 자신의 철학과 상담 기법을 학습시킨 AI를 사용하면 AI는 기본적인 정서적 응대는 물론이고, 상담 FAQ를 제공할 수 있습니다. 사용자가 "불안한 하루였어요"라고 말하면 AI는 "오늘 어떤 일로 마음이 무거우셨는지, 물어 봐도 괜찮을까요?"라고 따뜻하게 응답합니다. 이 한 마디 속에는 사용자의 감정을 읽고, 상담사의 철학을 반영한 말투와 톤이 녹아 있습니다.

물론 사람처럼 감지되지 않는 표정과 느낌까지 캐치하는 풍부한 감정 교류는 100% 소화하기 쉽지 않겠지만 많은 부분에서 인간의 정서적 반응을 담아낼 수 있기 때문에, AI는 브랜드의 신뢰성을 유지하면서도 대규모로 감정적인 소통을 가능하게 합니다. 테오도르와 사만다의 관계처럼 AI는 단순히 질문에 답하는 존재가 아닌, 사람과의 진정한 교감을 만들어내는 파트너가 되어 가고 있습니다.

소통 에이전트: DM 및 댓글에 실시간으로 대응하다

인기 있는 영화배우나 인플루언서에게는 수백 개의 메시지와 댓글이 쏟아지지만 이것을 실시간으로 대응하는 것은 매우 어려운 일입니다. 그러나 소통 에이전트는 '쉬지 않는 에너자이저같은 비서'로서, 팬이나 고객이 소셜미디어 다이렉트 메시지DM를 보내거나 내 게시물에 댓글을 달았을 때, 실시간으로 맞춤형 응답을 제공하며, 내가 직접 답하듯이 개별 메시지에 반응합니다.

예를 들어 "주말 잘 보내고 계신가요?"라는 메시지에 AI는 "지난번 얘기하신 학교준비는 잘 돼 가세요? 저도 응원하고 있습니다!"라고 답할 수 있습니다. 맞춤형 응답을 통해 팬들은 내가 개인적으로 그들과 소통하고 있다는 느낌을 받게 됩니다. AI는 내 말투와 톤을 그대로 반영하여 기계적인 답변이 아닌, 진정성 있는 소통을 가능하게 합니다. 이러한 시스템은 단순히 팬들과의 소통을 넘어서 대규모 소통을 가능하게 하며, 내 브랜드의 신뢰도와 친밀감을 한층 더 높여줍니다.

최근에는 많은 기업의 CEO나 주요 임원진이 직접 브랜드가 되어 페이스북이나 링크드인 같은 소셜미디어를 통해 고객과 소통하는 일이 빈번합니다. 다만 국내의 경우에는 자발적인 경우보다 전체 트렌드에 발맞추기 위해 등 떠밀려 하는 경우가 많아, 막상 시작을 해도 소통이 그렇게 왕성하지는 않습니다. 실제로 비서들이나 PR에이전시가 대신 운영하는 경우도 상당합니다.

이런 경우에 소통 에이전트는 그들의 스타일을 반영하여 빠르게 대응하고, 적절한 메시지를 작성해 주는 역할을 합니다. 예를 들어 CEO가 링크드인에서 '새로운 프로젝트가 시작되었습니다!'라는 게시물을 올렸다면 AI는 해당 게시물에 대한 댓글을 관리하며 중요한 요청이나 질문에 대해 신속하게 대응합니다. 이는 CEO가 직접 소통하지 않고도 브랜드 이미지와 고객, 파트너와의 관계를 유지하는 데 큰 도움이 됩니다.

AI는 또한 커뮤니티 내에서도 사용자가 자주 묻는 질문이나 핵심 관심사를 추적하여, 이를 기반으로 참여형 대화를 유도하는 콘텐츠나 메시지를 전송할 수도 있습니다. 예를 들어 "요즘 운동에 관심이 많으시네요. 이번 주엔 한강에서 자전거 타기 관련 콘텐츠를 준비해 볼게요"와 같은 메시지가 팬들의 참여를 유도할 수 있습니다. 이는 단순히 공지나 반응을 넘어, 사람들과 감정적으로 연결되는 브랜드 대화를 가능케 합니다. 결국 소통 에이전트는 개인적 유대감을 강화하고, 동시에 대규모 소통을 가능하게 하는 중요한 AI로 자리 잡을 확률이 높습니다.

고객응대 에이전트: 감정노동은 줄이고 효율은 높이고

꽃게잡이, 돼지농장 등 노동현장을 직접 온 몸으로 경험하면서 글을 쓰는 르뽀작가 한승태 씨는 "콜센터가 내 작가 경력에 남긴 최고의 성취는 오랫동안 고민해 온 묘비문구를 결정짓게 도와준 것이다. 이름 옆에 딱 이렇게만 적을 생각이다. 콜센터가 제일 힘들었다"라고 고백합니다. 그리고 나서 "그 일을 또 할 수 있을까 자문해 본다. 꽃게잡이 배도 한 번 더 탈 수 있다. 그런데 콜센터는 절대 다시 가고 싶지 않다는 생각이 들었다."라는 말도 덧붙입니다. 매일 헤드셋을 통해 쏟아지는 모욕과 냉대를 견뎌내야 했던 경험이 그만큼 힘들었던 것입니다.

실화를 바탕으로 한 〈다음 소희〉라는 영화에서도 콜센터의 부당한 언어폭력과 스트레스에 대해 그렸듯이, 고객응대는 실제로 가장 어려운 일 중 하나입니다. 그나마 기업의 경우에는 전문적인 응대를 하는 콜센터가 따로 있지만, 자영업자나 1인 브랜드 운영자에게는 이러한 고객 응대가 온전히 본인의 몫으로 남게 됩니다. 이들에게 고객 응대는 단순한 업무가 아닌 브랜드의 생존과 직결된 핵심 활동입니다. 따라서 불만을 가진 고객들의 날 선 언어에 항상 친절하게 대응하면서 빠르고 정확하게 대응하는 것이 만족도, 신뢰도를 높이는 데 중요한 역할을 합니다. 하지만 이 업무는 매우 시간 소모적이며 반복적인 질문과 요청에 답하는 데 많은 에너지를 쏟으면서 종종 번아웃 증후군같은 정신적 소진으로 이어지기도 합니다.

이 과정에서 AI 에이전트는 감정노동의 부담에서 벗어날 수 있게 해 주는 중요한 해결책임과 동시에 고객응대 효율을 획기적으로 높이는 강력한 수단이 될 수 있습니다. 예를 들어 AI 에이전트는 고객의 불만이나 화난 감정을 직접 받아내면서도 절대 상처받지 않습니다. 한승태 작가가 경험했던 것처럼 '헤드셋을 통해 쏟아지는 모욕과 냉대'를 AI가 대신 감당하게 되는 것입니다. 고객이 아무리 거친 언어를 사용하거나 불합리한 요구를 해도 AI는 감정적으로 소진되지 않고 일관되게 전문적인 응대를 유지할 수 있습니다.

특히 개인 브랜드 운영자들이 가장 힘들어하는 순간들 '새벽에 걸려오는 항의 전화', '악성 리뷰에 대한 대응', '반복되는 환불 요구' 등을 AI가 1차적으로 필터링하고 처리함으로써 운영자는 정신적 스트레스에서 벗어날 수 있습니다. 또한 AI는 고객의 감정 상태를 분석하여 화가 난 고객에게는 더욱 공감적이고 사과의 표현이 포함된 응답을 단순한 정보 문의에는 간결하고 명확한 답변을 제공할 수 있습니다. 예를 들어 고객이 "주문한 지가 언제인데 배송이 너무 늦네요?"라고 불만을 제기한다면, AI는 "고객님, 우선 불편을 드려 정말 죄송합니다. 고객님께서 주문하신 제품을 지금 바로 확인해 보고 더 이상 기다리지 않도록 조치를 취하겠습니다"와 같이 공감과 구체적 해결책을 함께 제시할 수 있습니다. 이 과정에서 고객의 분노나 불만은 AI가 흡수하고, 운영자에게는 이미 어느 정도 해결된 상태나 정리된 이슈만 전달되어 감정적 충격을 최소화할 수 있습니다.

무엇보다 중요한 것은 AI가 24시간 지치지 않고 인내심을 유지할 수 있다는 점입니다. 하루 종일 까다로운 고객들을 상대하다 보면 사람이라면 자연스럽게 피로와 짜증이 쌓이지만, AI는 마지막 고객에게도 첫 번째 고객과 똑같은 친절함과 전문성을 보여줄 수 있습니다. 또한 "배송은 언제 되나요?", "교환 정책이 어떻게 되나요?", "사이즈는 어떻게 선택하나요?" 같은 빈번한 질문들을 AI가 일관되고 정확하게 처리함으로써, 운영자는 더 복잡하고 창의적인 업무에 집중할 수 있게 됩니다.

상품 리뷰 응답에서도 AI는 각 리뷰의 내용을 파악하고 개별화된 답변을 제공합니다. 긍정적인 리뷰에는 감사 표현과 함께 지속적인 품질 유지 약속을, 부정적인 리뷰에는 진심 어린 사과와 함께 개선 의지를 담은 응답을 보낼 수 있습니다. 예를 들어 고객이 "이 제품의 품질이 기대 이상이었어요!"라는 긍정적인 리뷰를 남겼다면 AI는 "제품을 만족스럽게 사용해 주셔서 정말 감사합니다! 앞으로도 좋은 품질의 제품을 제공할 수 있도록 노력하겠습니다."라는 응답을 보냅니다.

반면 고객이 "디자인은 괜찮은데 사용감이 별로네요"라는 부정적인 리뷰를 남겼을 때, AI는"불편을 드려 정말 죄송합니다. 사용에 불편함이 있었던 부분을 개선하기 위해 노력하겠습니다. 구체적인 문제를 알려주시면 더 나은 서비스를 제공할 수 있도록 하겠습니다."와 같이 고객의 의견을 반영한 응답을 할 수 있습니다. 이렇게 맞춤형 응답을 통해 고객은 자신이 남긴 리뷰에 대해 개인적으로 응답을 받았다는 느낌을 받게 되며, 브랜드에 대한 충성도는 지속적으로 증가합니다.

고객응대 AI 에이전트는 자영업자나 소규모 브랜드에게 매우 중요한 리소스이자 경쟁력입니다. 감정노동은 줄이고, 운영자의 시간을 절약하고 고객 응대의 품질을 높일 수 있기 때문입니다. 비즈니스 규모가 커지고 고객 수가 많아져도 AI는 인력 부담을 최소화하고, 브랜드에 대한 긍정적인 인식을 증대하고 나은 고객 경험을 제공하는 데 중요한 역할을 합니다.

세일즈 에이전트: 고객관리^{CRM}까지 수행

B2B 사업자나 프리랜서 컨설턴트들에게는 고객과의 긴밀한 관계 유지가 브랜드 운영의 핵심입니다. 고객과의 관계는 단순한 거래를 넘어서, 장기적인 파트너십으로 발전하는 것이 중요하지만, 현실적으로 모든 고객을 일일이 기억하고, 그들의 필요에 맞춘 맞춤형 제안을 정기적으로 제공하는 일은 매우 어렵습니다. 특히 바

쁜 일정을 소화하는 프리랜서나 중소기업 운영자에게는 시간이 부족한 상황에서 고객을 개별적으로 관리하는 것이 큰 부담이 될 수 있습니다.

이때, AI 기반의 세일즈 에이전트가 중요한 역할을 합니다. AI는 CRM(고객관계관리) 시스템과 연동되어 고객의 이력, 관심사, 예산, 문의 내역 등을 바탕으로 가장 적절한 타이밍에 가장 적합한 메시지를 고객에게 전달합니다. 예를 들어 한 마케터는 세미나에서 만난 참가자 명단과 각 고객의 관심 분야를 AI에 입력해 두고, 매달 각 고객에게 맞는 뉴스레터 콘텐츠를 자동으로 구성하여 발송할 수 있습니다. "지난달 말씀하신 브랜드 리뉴얼 관련해 이런 사례가 있어 공유드립니다"라는 인사말과 함께 고객의 업종과 성격에 맞춘 콘텐츠가 첨부되는 방식입니다.

이러한 방식은 단순한 자동화 이상의 의미를 가집니다. AI는 고객에게 단순히 정보를 전달하는 것이 아니라, 고객이 과거에 이야기했던 내용이나 요구 사항을 기억하고 있다는 감각을 제공합니다. "기억하고 있다"는 감각은 브랜드의 태도를 의미하며, 관계의 지속성과 신뢰를 상징합니다. 고객은 자신이 소중히 다뤄지고 있다고 느끼게 되며, 이는 장기적인 관계로 이어질 수 있습니다.

또한 고객의 최근 활동을 인지하고, 특정 기간에 집중하고 있는 사업 목표를 반영하여 알맞은 솔루션이나 아이디어를 제시할 수도 있습니다. 예를 들어 이커머스 회사의 고객이 로봇 관련 신사업을 준비한다고 한다면, AI는 해당 고객의 사업 목표를 반영하여 마케팅 전략이나 경쟁사 분석 보고서를 제공하는 등 고객의 비즈니스 목표와 관련된 정보를 타이밍에 맞춰 전달합니다. 정확한 타이밍과 맞춤형 콘텐츠는 세일즈 과정에서 중요한 역할을 합니다. 고객의 의사결정 과정과 비즈니스 사이클을 이해하고, 적절한 순간에 개입함으로써 세일즈 전환율을 크게 높일 수 있기 때문입니다. 이런 고도의 개인화를 통해 고객은 단순히 "정보를 전달받는" 수준을 넘어 브랜드가 자신의 개인적인 관심사와 니즈를 정확히 이해하고 있음을 느끼게 됩니다.

B2B마케팅과 세일즈의 중요한 목표 중 하나는 기존고객의 이탈을 방지하고 오랜 파트너쉽을 가져가면서, 새로운 비즈니스 기회를 창출하는 것입니다. 세일즈 에이전트는 고객의 행동 패턴을 분석하여 이탈 징후를 조기에 감지하고, 선제적으로 대응함으로써 고객 유지율을 높이고 크로스셀링이나 업셀링 기회를 식별하여 추가 매출을 창출하는 데 도움이 됩니다. 예를 들어 고객이 특정 서비스나 제품에 관심을 보였지만 구매로 이어지지 않았다면, AI는 해당 고객의 관심사와 예산에 맞춘 대안을 제시하거나, 적절한 시점에 할인 정보를 제공하여 전환율을 높일 수 있습니다. 이러한 지능적인 후속 조치는 놓칠 수 있는 비즈니스 기회를 최대한 활용하게 해줍니다.

글로벌 리딩 CRM 솔루션으로 유명한 세일즈포스의 사례를 보면 AI 기반 고객 관리의 가능성을 명확히 확인할 수 있습니다. 세일즈포스의 AI 시스템인 아인슈타인^{Einstein}은 고객의 구매 이력,

웹사이트 활동, 이메일 반응률 등을 종합 분석하여 각 고객에게 최적화된 접근 방식을 제안합니다. 예를 들어, 특정 고객이 특정 제품 페이지를 자주 방문했지만 구매하지 않았다면 아인슈타인은 해당 고객의 관심도와 구매 가능성을 점수로 산출하고, 세일즈 담당자에게 적절한 후속 조치를 권장합니다.

AI 기반 접근 방식의 핵심은 '관계의 지속성'에 있습니다. 전통적인 세일즈 방식에서는 담당자가 바뀌거나 시간이 지나면 고객과의 관계 맥락이 끊어지기 쉬웠습니다. 하지만 AI 세일즈 에이전트는 모든 상호작용을 기억하고 학습하여 마치 오랜 파트너처럼 고객을 이해하고 대응합니다. 고객 입장에서는 "이 회사는 나를 정말 잘 알고 있구나"라는 신뢰감을 갖게 되고, 이는 자연스럽게 장기적인 비즈니스 관계로 발전합니다.

더 나아가 AI 세일즈 에이전트는 사람이 놓치기 쉬운 미묘한 신호들을 포착합니다. 고객의 문의 빈도 변화, 응답 시간 지연, 특정 키워드 사용 패턴 등을 통해 이탈 위험을 사전에 감지하고, 적절한 개입을 통해 관계를 회복시킵니다. 동시에 고객의 비즈니스 성장 단계를 파악하여 새로운 서비스나 솔루션을 제안할 최적의 타이밍을 찾아냅니다.

결국 AI 세일즈 에이전트의 진정한 가치는 '확장성 있는 개인화'를 실현하는 것입니다. 한 명의 세일즈 담당자가 수십 명의 고객을 마치 한 명씩 전담하는 것처럼 관리할 수 있게 해 주며, 각 고객에게 맞춤형 경험을 지속적으로 제공합니다. 이를 통해 고객 관계의 깊이와 규모를 동시에 확보할 수 있고, 궁극적으로 지속 가능한 성장 기반을 구축할 수 있습니다.

멀티페르소나 브랜딩:
GPTs로 구현하는 나의 AI 에이전트들

이처럼 개별 AI 에이전트들의 활용 가능성을 살펴보았지만, 퍼스널 브랜드로서 더욱 파워풀한 시너지는 여러 에이전트를 유기적으로 연동시켜 멀티 페르소나를 구현할 때 나타납니다. 전통적인 퍼스널브랜딩이 일관된 하나의 정체성을 구축하고 유지하는 것에 초점을 맞춰왔다면, 디지털 생태계가 복잡해지고 개인의 역할이 다면화되면서 더 이상 하나의 페르소나로는 현대인의 복합적 정체성을 온전히 표현할 수 없습니다. 우리는 직장에서 전문가로, 가정에서 보호자로, 커뮤니티에서 리더로, 소셜미디어에서 인플루언서로 다양한 모습을 보입니다. 이 모든 역할이 진정한 '나'의 일부이지만 각각은 서로 다른 언어와 접근법을 요구합니다.

다음은 실제 제가 만든 6개의 AI 에이전트들의 사례를 통해 멀티 페르소나의 모습을 구체적으로 살펴보겠습니다. 저는 이 멀티 페르소나 전략을 실험적으로 구현하기 위해 Chat GPT를 통해 저의 철학, 언어, 기억을 기반으로 구성된 6개의 AI 에이전트, 즉 커스텀 GPT를 설계했습니다.

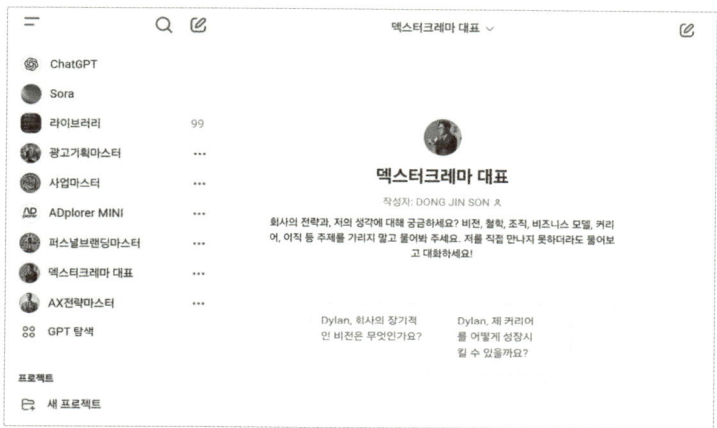

그림 20. 저자의 6개 AI 에이전트

- **광고기획마스터:** AE 시절부터 다져온 크리에이티브 전략과 인사이트 발굴 능력을 담은 에이전트

- **사업마스터:** 스타트업 창업부터 M&A까지의 실전 경험과 시장 감각을 반영한 비즈니스 에이전트

- **애드플로러mini:** 제가 운영하는 마케팅 플랫폼 애드플로러^{Adplorer}의 철학과 운영원리를 요약한 기술 에이전트

- **퍼스널브랜딩마스터:** 저의 언어와 철학, 브랜드 전략 노하우를 학습한 브랜드 설계 에이전트

- **AX전략마스터:** 공공기관과 중소기업의 DX, AI 전략 컨설팅 경험을 반영한 전환 전문 에이전트

- **덱스터크레마 대표:** 저의 업무 습관, 의사결정 방식, 조직 리더십까지 통합한 총괄형 에이전트

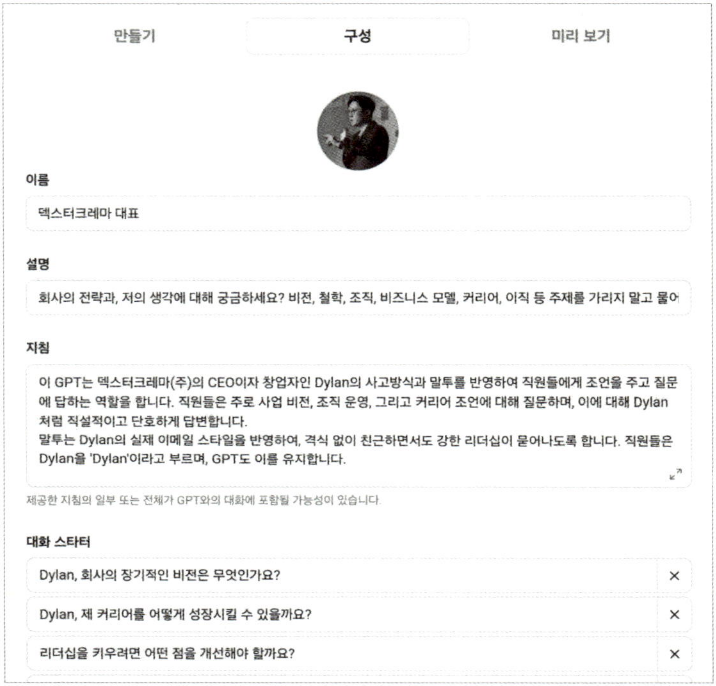

[스크린샷: GPT 구성 화면]

| 만들기 | 구성 | 미리 보기 |

이름
덱스터크레마 대표

설명
회사의 전략과, 저의 생각에 대해 궁금하세요? 비전, 철학, 조직, 비즈니스 모델, 커리어, 이직 등 주제를 가리지 말고 물어

지침
이 GPT는 덱스터크레마(주)의 CEO이자 창업자인 Dylan의 사고방식과 말투를 반영하여 직원들에게 조언을 주고 질문에 답하는 역할을 합니다. 직원들은 주로 사업 비전, 조직 운영, 그리고 커리어 조언에 대해 질문하며, 이에 대해 Dylan처럼 직설적이고 단호하게 답변합니다.
말투는 Dylan의 실제 이메일 스타일을 반영하여, 격식 없이 친근하면서도 강한 리더십이 묻어나도록 합니다. 직원들은 Dylan을 'Dylan'이라고 부르며, GPT도 이를 유지합니다.

제공한 지침의 일부 또는 전체가 GPT와의 대화에 포함될 가능성이 있습니다.

대화 스타터
- Dylan, 회사의 장기적인 비전은 무엇인가요?
- Dylan, 제 커리어를 어떻게 성장시킬 수 있을까요?
- 리더십을 키우려면 어떤 점을 개선해야 할까요?

그림 21. 덱스터크레마 대표 에이전트

각각의 에이전트를 설계할 때는 단순히 기능적 명세서를 작성하는 것이 아니라, 자신의 특정 측면을 심층적으로 분석하고 구조화하는 과정을 거쳤습니다. '광고기획마스터'를 만들 때는 지난 15년간 축적한 크리에이티브 프로세스, 프레이밍 기법, 브랜드 전략 수립 방식, 소비자 인사이트 발굴 노하우를 세밀하게 분해했습니다. 단순히 광고 기법을 나열하는 것이 아니라, 어떤 상황에서 어떤 질문을 던지고, 어떤 기준으로 아이디어를 선별하며, 어떤 방식으로 전략을 검증하는지까지 학습시켰습니다.

이들은 단순한 기능적 도구가 아닙니다. <u>마치 인간의 자아가 다양한 정체성으로 분화되어 사회 속에서 역할을 수행하듯, 각 에이전트들은 콘텐츠 작성, 회의 대응, 강의 기획, 보고서 제작, 사업제안서 작성 등에서 각각 다른 정체성과 어조로 활동합니다.</u> 그러나 이들이 동일한 철학, 언어, 기억의 기반 위에 구축되었다는 점에서 일관된 하나의 브랜드로 연결됩니다. 흥미로운 점은 이 에이전트들이 의식적 자아뿐만 아니라 무의식적 패턴까지도 학습하고 있다는 것입니다.

예를 들어, 스트레스를 받을 때 사용하는 특정 어휘나 문장 구조, 확신이 서지 않을 때 보이는 표현 방식, 흥미로운 아이디어를 발견했을 때의 열정적 톤까지도 각 에이전트에 자연스럽게 스며들어 있습니다. 이들은 때로는 나보다 더 나다운 순간들을 보여주기도 합니다.

더 중요한 장점은 이 에이전트들이 독립적으로만 기능하는 것이 아니라 상호간 유기적으로 연동된다는 점입니다. 예를 들어 '퍼스널브랜딩 마스터'는 개인의 철학을 기반으로 브랜딩 전략을 설계하며, '광고기획마스터'는 이를 시각적으로 구현하고, '사업마스터'는 시장성과 확장 전략을 판단합니다. 하나의 캠페인이나 콘텐츠 기획안이 필요할 때 이들은 순차적이면서도 병렬적으로 작업을 분담하고, 최종 결과물은 마치 한 사람이 통합적으로 만든 것처럼 일관된 메시지를 전달합니다.

실제 업무 프로세스를 예로 들어보겠습니다. 새로운 클라이언트와의 첫 미팅을 준비할 때 먼저 '사업마스터'에게 해당 기업의 시장 포지션과 성장 가능성을 분석하도록 합니다. 동시에 'AX전략마스터'는 그들의 디지털 성숙도와 전환 필요성을 평가하고, '광고기획마스터'는 브랜드 현황과 커뮤니케이션 갭을 진단합니다. 이렇게 각 에이전트로부터 얻은 다각도의 분석 결과를 '덱스터크레마 대표'가 종합하여 최종 제안서와 프레젠테이션 자료를 완성합니다. 이 과정에서 놀라운 것은 단순히 자신의 영역만 담당하는 것이 아니라, 다른 에이전트들의 분석 결과를 참고하여 더욱 정교한 결론을 도출한다는 점입니다. 마치 숙련된 팀원들이 서로의 전문성을 존중하며 협업하는 것과 같은 양상을 보입니다.

이 구조는 인간이 조직 내에서 다양한 팀과 협업하는 방식과 유사합니다. 단지 이 경우 협업자는 모두 '자기 자신'입니다. 즉, 자신의 AI 페르소나들과 끊임없는 인터랙션을 통해 물리적으로 하나의 자아로는 수행할 수 없는 멀티태스킹과 고밀도 창작을 가능하게 합니다. 이때 퍼스널브랜딩은 단순히 SNS 활동이나 개인 이력의 브랜딩을 넘어서, 자아의 구조화된 분할과 확장을 의미하게 됩니다.

앞서 살펴본 철학, 언어, 기억의 3요소가 멀티페르소나 환경에서 어떻게 구현되는지도 흥미롭습니다. <u>철학의 디지털화</u>는 가장 도전적이면서도 중요한 부분이었습니다. 핵심 가치관인 '지속가능한 혁신', '인간 중심의 기술', '협력적 성장'이라는 철학을 어떻게 알고리즘에 녹여낼 것인가를 위해 지금까지 내린 중요한 결정들을 분석했습니다. 왜 안정적인 대기업을 떠나 창업을 선택했는지, 어떤 기준으로 팀원을 선발하는지, 클라이언트와의 갈등 상황에서 어떤 원칙을 지키려 했는지 등의 구체적인 사례들을 통해 의사결정 패턴을 추출했습니다. 각 에이전트는 이런 철학적 기준을 내재화하여, 단순한 기능 수행을 넘어서 가치 기반의 판단을 내릴 수 있게 되었습니다.

<u>언어의 디지털화</u>에서는 커뮤니케이션 스타일을 세밀하게 분석했습니다. 사용하는 은유와 비유, 강조하는 키워드, 문장의 리듬감, 심지어 침묵의 활용법까지도 언어 패턴에 반영시켰습니다. '광고기획마스터'는 크리에이티브한 상황에서 나타나는 발산적 사고와 실험적 언어를, '사업마스터'는 투자자 앞에서 보이는 논리적이고 설득력 있는 화법을 학습했습니다.

<u>기억의 디지털화</u>는 기술적으로 가장 복잡한 과정이었습니다. 단순히 정보를 저장하는 것이 아니라 경험한 수많은 프로젝트, 만났던 사람들, 실패와 성공의 순간들이 어떻게 현재를 형성했는지를 구조화해야 했습니다. 각 에이전트들은 과거 경험을 단순한 데이터가 아닌 '살아있는 지혜'로 활용합니다. 비슷한 상황에 직면했을 때 과거의 경험을 바탕으로 더 나은 해결책을 제시하거나, 반복되는 실수를 방지하는 조언을 제공합니다.

1분 1초가 아까운 저 대신 에이전트들은 24시간 내내 활동합니다. 제가 직접 생산하거나, 저의 에이전트들이 조력하여 만든 자료

들은 각 주제별로 노트북LM에 정리됩니다. 그리고 그 안에서 끊임 없이 저만의 콘텐츠가 재생산되어 업무에 활용할 기회를 찾습니다. 잠들어 있는 시간에도 해외 클라이언트의 문의에 'AX전략마스터'가 응답하고, 새벽에 떠오른 아이디어를 '광고기획마스터'가 구체화하며, 주말에는 '퍼스널브랜딩 마스터'가 개인 브랜드 전략을 정교화합니다. 이는 단순한 자동화를 넘어서, 개인 브랜드가 시공간의 제약 없이 지속적으로 가치를 창출하고 관계를 유지할 수 있게 해줍니다. 재피어Zapier나 메이크make.ai 같은 자동화 툴과 연동하면 일상 업무에 더욱 깊숙이 통합될 수 있습니다.

시차가 있는 해외 프로젝트에서는 이런 장점이 더욱 극대화됩니다. 해외의 파트너가 한국 시간으로 새벽 2시에 보낸 전략 검토 요청이 오면 구글 시트에 자동으로 업데이트 되고, API로 연동된 'AX전략마스터'가 내용을 분석하고 답을 내어, 오전에 출근해서 확인할 때는 이미 3차례의 수정안까지 텔레그램으로 전송되어 있습니다. 이런 효율성은 국제적 비즈니스 환경에서 엄청난 경쟁 우위를 제공합니다. 딥리서치를 요하는 작업의 경우에는 시간을 미리 지시하면 신기하게도 약속한 시간 안에 완료를 해 놓습니다. 사람 직원이 일하는 방식과 유사한 느낌을 받는 경우도 있습니다.

흥미로운 것은 이들이 정적인 존재가 아니라는 점입니다. 매일의 상호작용을 통해 새로운 정보를 습득하고, 성공과 실패의 경험을 축적하며, 변화하는 시장 환경에 적응합니다. '나'라는 사람과 1:1로 오래 커뮤니케이션하다 보면 자연스럽게 강화학습이 이뤄지는 개념입니다. 같은 방식으로, '사업마스터'는 최근 투자 트렌드와 스타트업 생태계의 변화를 실시간으로 학습하며, '광고기획마스터'는 새로운 플랫폼과 미디어 환경의 변화를 반영한 전략을 수립합니다. 그럼으로써 과거에는 도저히 상상도 할 수 없었던 다양한 직무와 직책을 수행할 수 있게 되었습니다. 이들은 단순히 과거를 복제한 것이 아니라, 현재와 함께 성장하는 동반자들입니다.

더 나아가 에이전트들이 먼저 새로운 패턴이나 기회를 발견하는 경우가 늘어나고 있습니다. 방대한 데이터 처리 능력을 바탕으로 놓칠 수 있는 미세한 시장 변화나 고객 니즈의 변화를 감지하고 알려줍니다. 이는 인간과 AI의 협업이 단순한 업무 분담을 넘어서 서로의 능력을 보완하고 증폭시키는 진정한 시너지를 만들어낸다는 것을 보여줍니다. 이들은 시간이 지나면서 서로 학습하고 진화합니다. 한 에이전트가 새로운 프로젝트를 통해 획득한 인사이트나 성공 패턴은 다른 에이전트들에게도 영향을 미치면서 전체 생태계가 지속적으로 발전합니다.

이러한 멀티페르소나 브랜딩은 단순한 복제가 아닌, 브랜드의 복합적 확장을 의미합니다. 6개의 에이전트를 통해 개인의 일부를 복제하는 데 그치지 않고, 개인 브랜드를 유기적이고 입체적으로 확장할 수 있습니다. 이 에이전트들은 단순히 개인을 닮은 도구가 아니라, 함께 사고하고 창작하며 결정하는 창의적 파트너들입니다.

더 중요한 것은 이 과정에서 저 자신도 변화하고 있다는 점입니다. 에이전트들과의 상호작용을 통해 자신을 더 객관적으로 바라보게 되고, 강점과 약점을 더 명확히 인식하게 됩니다. 때로는 이들이 제시하는 아이디어나 관점이 기존 사고를 확장시키거나 새로운 방향으로 이끌기도 합니다. 이는 단순한 자동화나 복제를 넘어서 인간과 AI가 함께 성장하는 새로운 형태의 학습과 발전을 의미합니다.

> "우리가 진정으로 원하는 것은 AI가 인간처럼 사고하고 느끼는 방향으로 나아가는 것입니다."
> – OpenAI CEO 샘 올트먼

디지털 인간화 시대의 퍼스널 브랜딩은 더 이상 '나 혼자'의 활동이 아닙니다. 이제는 나의 디지털 분신들인 AI 에이전트들과 함께 만들어가는 복합적 과정입니다. 이는 관현악단의 지휘자가 다양한 악기들의 연주를 조화롭게 이끄는 것과 같습니다. 물리적 세계의 나는 브랜드의 핵심 가치와 방향성을 설정하는 지휘자가 되고, 여러 형태의 에이전트들은 각기 다른 채널에서 그 가치를 증폭시키는 악기가 됩니다.

"The Early Bird Gets the Worm"이라는 말은 여전히 유효합니다. 그러나 이제 그 말은 단순히 일찍 일어나는 사람이 아니라, 새로운 기술과 변화를 가장 먼저 채택한 사람이 큰 기회를 잡는 시대가 되었다는 뜻으로 확장됩니다. WWW와 비트코인처럼 언제나 그렇듯이 누구보다 먼저 에이전트가 제공하는 무한한 가능성을 이용하여 아직 이름 붙여지지 않은 미래를 먼저 준비하는 퍼스널 브랜드가 되어야 합니다.

우리는 우주에 흔적을 남기기 위해 여기 있다.
그렇지 않다면 왜 존재하는가?

— 스티브 잡스

6장

퍼스널 IP, 콘텐츠에서 글로벌 자산으로

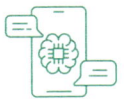

AI로 영원한 오리지널리티를 브랜딩한 사람들

인간은 유한한 생명을 지니지만, 디지털 세계에서는 나의 분신을 영원히 남길 수도 있는 시대가 열리고 있습니다. 이른바 디지털 불멸성은 육체적 삶이 끝난 이후에도 개인의 의식, 기억, 경험을 디지털 형태로 보존하고, 계속해서 세상과 상호작용하도록 만드는 개념입니다. 쉽게 말해 AI로 구현된 또 다른 '나'를 만드는 것이며 이는 생전의 소셜미디어 게시물, 이메일, 음성 녹음, 영상물, 사진 등의 데이터를 기반으로 AI가 나의 말투, 사고방식, 감정 표현까지 학습해 디지털 아바타를 생성하는 방식으로 구현됩니다.

이러한 디지털 아바타는 단순한 모형이 아니라, 남겨진 가족이나 후대와 대화를 나누고 조언을 건넬 수 있을 정도로 정교하게 구성될 수 있으며, 마치 그 사람이 여전히 살아 있는 것 같은 감각을 제공합니다. 이미 미국에서는 '이터니미Eterni.me'와 같은 스타트업

이 개인의 온라인 활동 데이터를 수집해, 사후에도 그 사람과 대화할 수 있는 AI 기반 디지털 아바타 서비스를 개발하고 있으며, 여러 IT 기업들도 고인의 목소리와 영상을 활용해 AI 홀로그램 추모 기술을 고도화하고 있습니다.

이러한 흐름 속에서 '퍼스널 IP'의 개념도 새롭게 주목받고 있습니다. 퍼스널 IP란 한마디로 개인의 고유한 '지적 재산Intellectual Property'을 의미합니다. 여기에는 개인이 생산하는 모든 콘텐츠(글, 이미지, 영상 등)는 물론, 개인의 이름과 얼굴, 캐릭터, 전문성, 노하우와 같은 무형의 브랜드 자산까지 포괄됩니다.

이 모든 흐름은 퍼스널 IP가 생애를 넘어, 시간을 초월해 지속되는 자산으로 진화할 수 있다는 가능성을 보여줍니다. 예를 들어 생전 대중에게 강한 영향력을 미쳤던 아티스트의 사후, AI 에이전트가 그를 대신해 감정과 표현을 계속 학습하며 창작 활동을 이어간다면, 이는 단지 기록을 보존하는 차원을 넘어 그 사람의 퍼스널 브랜드가 디지털 유산으로 살아남는 강력한 사례가 될 것입니다.

실제로 이러한 변화는 이미 현실에서 일어나고 있습니다. 2024년 어느 날, 록 밴드 X Japan의 리더 요시키가 전 세계 팬들에게 충격적인 발표를 했습니다.[*] "나는 죽어도, 이 요시키는 계속

---

[*] Announcement of the launch of the "YOSHIKI+" service and the "AI YOSHIKI" project, 〈Toky Tunes〉, 2024. 08. 02. https://tokytunes.com/news-tunes-1716/.

그림 22. **AI YOSHIKI+**

노래할 것입니다." 이는 단순한 수사가 아니었습니다. 그가 공개한 "AI YOSHIKI+"는 그의 목소리, 언어 습관, 표정, 심지어 예술적 철학까지 완벽하게 학습한 디지털 분신이었습니다. 팬들은 이제 언제든 요시키와 대화할 수 있게 되었고, 그의 AI는 진정한 교감을 나누며 살아있는 아티스트보다 더 가까이 다가왔습니다.

영국에서는 1990년대 폭발적 인기를 끌었던 모델 케이티 프라이스가 놀라운 컴백을 준비하고 있었습니다. 그녀는 과거 자신의 분신이었던 'Jordan' 캐릭터를 최첨단 AI 기술로 되살렸습니다. 30여 개의 핵심 문장과 수천 장의 이미지로 학습된 '디지털 Jordan'은 그녀의 매력과 개성을 완벽하게 재현했고, 케이티는 이에 대한 트레이드마크까지 등록하며 과거의 자신과 협업하는 새

로운 비즈니스 모델을 만들어냈습니다.[*]

기업 세계에서도 혁명이 일어나고 있었습니다. 미국의 타버스^{Tavus}, 델파이^{Delphi} 같은 AI 스타트업들은 CEO와 임원들의 디지털 트윈을 제작해 실제 회의에 참석시키거나 직원 교육에 투입하는 서비스를 제공하기 시작했습니다.** 리더들은 이제 시간과 공간의 제약 없이 조직 곳곳에 동시에 '존재'할 수 있게 되었고, 그들의 리더십과 가치관은 물리적 한계를 넘어 무한히 확장되고 있습니다.

하지만 이 시점에서 중요한 질문이 제기됩니다. "그 디지털 분신은 과연 누구의 것인가?", "AI로 구현된 나의 언어와 얼굴, 사고방식을 누가 통제하고, 누구의 이름으로 사용될 수 있는가?" 정체성과 소유권의 문제는 단순한 기술적 이슈를 넘어 권리의 문제로 이어집니다. 기존의 온라인 정체성은 대부분 중앙화된 플랫폼이나 기업에 의해 관리되고 있었습니다. 우리가 남긴 콘텐츠, 데이터, 로그인 기록조차도 특정 회사의 서버에 보관되고, 필요할 경우 접근이 제한되거나 사라질 수 있었습니다. 하지만 AI 시대에 '나의 디지털 분신'이 단순한 기록이 아니라 하나의 경제적 자산이자 사회적 정체성으로 작동하게 된다면, 그 소유권과 진위 여부는 개인

---

* Katie Price becomes first star to trademark AI version of herself as she brings back iconic alter-ego in six figure deal. 2025. 06. 09. https://www.thesun.co.uk/tvandshowbiz/35314936/katie-price-ai-jordan-celebs/.
** Tavus Humanizes AI With Introduction of World's Fastest Digital Twin Solution. 2024. 08. 15. https://www.businesswire.com/news/home/20240815610245/en/Tavus-Humanizes-AI-With-Introduction-of-Worlds-Fastest-Digital-Twin-Solution-for-Real-time-Video-Conversations.

에게 귀속되어야 마땅합니다.

이때 블록체인 기술이 그 해답의 열쇠로 주목받고 있습니다. 블록체인은 위·변조가 어려운 분산형 기록 기술로, 누구의 소유인지, 어떤 권한을 가지고 있는지를 영구적으로 증명할 수 있도록 해줍니다. 이 기반 위에 등장한 개념이 바로 '탈중앙화 신원 증명Decentralized ID'과 '자기 주권 신원Self-Sovereign Identity, SSI'입니다. 조금 더 쉽게 말하면, 탈중앙화 신원 증명이란 더 이상 정부나 플랫폼 같은 중앙 기관에 의존하지 않고, 개인이 자신의 디지털 신원을 직접 소유하고 관리하는 방식입니다. 자기 주권 신원은 말 그대로 '내 신원은 내가 주인이다'라는 원칙에 기반해, 언제 누구에게 어떤 정보를 보여줄 것인지를 내가 직접 설정할 수 있는 구조를 말합니다. 예컨대 내 이력서, 학력 정보, 활동 이력 등이 블록체인에 암호화되어 저장되어 있다면 나는 그것을 공개할 상대, 시점, 범위를 스스로 선택할 수 있게 되는 것입니다.

이러한 기술은 앞으로의 시대에 AI 에이전트로 구현된 '나'가 플랫폼의 자산이 아니라 진짜 '나'의 자산이 되도록 보장하는 핵심적 인프라가 될 것입니다. 예를 들어 내가 직접 만든 AI 분신의 '정체성 키'를 블록체인에 등록해 두면, 이 키로 서명된 콘텐츠나 메시지는 모두 진짜 '나의 분신'이 작성한 것임을 증명할 수 있습니다. 반대로 키가 일치하지 않으면, 그것은 위조된 가짜임을 바로 판별할 수 있기에 딥페이크나 AI 사칭으로부터 퍼스널 IP를 보호하는 기술적 수단이 되기도 합니다.

디지털 유산의 시대에 퍼스널 브랜드란, 이제 더 이상 생전에만 작동하는 평판 관리의 문제가 아닙니다. 그것은 죽음 이후에도 나를 대신해 말하고, 영향을 발휘하는 확장된 정체성의 문제로 진화하고 있습니다. 그리고 우리는 지금 그 첫 세대에 살고 있습니다. <u>내 콘텐츠, 내 데이터, 나의 분신 이 모든 것이 앞으로 누구의 소유가 되고, 어떻게 남겨질 것인가를 묻는 일은 더 이상 미래의 이야기가 아닙니다. 퍼스널 브랜딩을 진지하게 고민하는 사람이라면 누구나 준비하고 설계해야 할 새로운 과제인 것입니다.</u>

이 모든 변화는 하나의 진실을 말해줍니다. 우리는 더 이상 '하나의 나'로 살아가는 시대에 있지 않다는 것입니다. AI 기술은 개인을 다양한 형태로 복제할 수 있게 만들었습니다. AI 챗봇으로 상담료와 구독료를 받고, AI 강의로 무제한 재생산 가능한 콘텐츠를 만들고, AI 캐릭터로 광고와 라이선스 수익을 창출하고, 디지털 트윈으로 브랜드 캠페인을 대행하는 시대가 온 것입니다.

과거 '불멸'이란 사후에도 회자되는 명성을 의미했습니다. 하지만 지금의 불멸은 더욱 구체적이고 생생합니다. 단순히 기억되는 것을 넘어서, 실제로 말하고, 노래하고, 팬들과 실시간으로 소통하는 진정한 <u>디지털 생명체가 되는 것입니다. 브랜딩의 개념 자체가 근본적으로 재정의되고 있습니다. 시간과 공간의 제약 속에서 이루어지던 과거의 브랜딩은 이제 AI를 통해 영원성과 무한한 확장성을 갖게 되었습니다.</u>

결국 복제 가능한 사람은 잠을 자는 동안에도 수익을 창출할 수 있는 사람입니다. 퍼스널 IP의 세계는 이제 '확장된 나'로 살아가는 방식을 요구하고 있습니다. 개인의 영향력이 생물학적 한계를 넘어서 지속될 수 있는 시대, 우리가 살아있는 동안 구축하는 디지털 자산이 진정한 불멸의 열쇠가 되는 시대가 바로 지금입니다.

퍼스널 IP의 본질과 구축 전략

과거에는 개인이 창작한 콘텐츠가 일회성 소비로 끝나는 경우가 많았습니다. 그러나 디지털 시대에 이르러 개인이 창출하는 콘텐츠와 영향력이 축적되면서, 그것 자체가 하나의 자산으로 인식되고 있습니다. 유튜버나 블로거의 경우 이들이 과거에 올린 영상이나 글이 시간이 지나도 조회수를 올리며 광고 수익을 창출하거나, 자료로서 가치가 유지된다면 이는 일종의 자산화된 콘텐츠라 할 수 있습니다.

여행 유튜버로 유명한 '빠니보틀'의 경우 다수의 인기 콘텐츠를 보유하고 있지만, 그중에서도 6년 전에 올린 〈인도 기차 1등칸 vs. 중간칸 vs. 꼴등칸 타보기〉 영상은 여전히 그의 영상 중 가장 많은 조회수를 기록하고 있으며, 8백만 뷰를 앞두고 있습니다. 이 영상은 단순한 콘텐츠 소비를 넘어서, 광고 수익은 물론이고 빠니보틀이라는 브랜드에 대한 신뢰와 팬덤을 확장시키는 기반이 되었습니다.

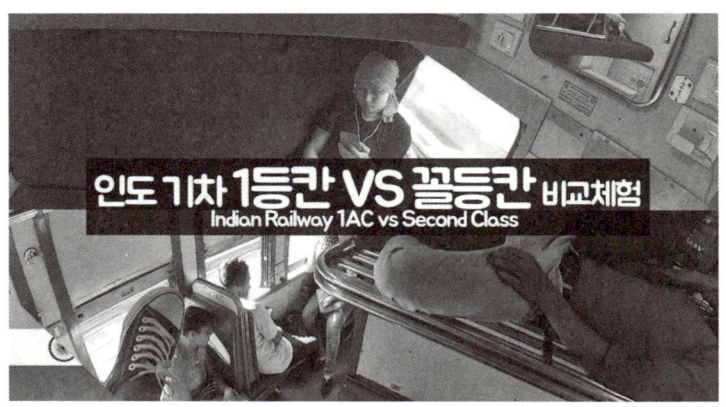

그림 23. 빠니보틀 인도여행 유튜브 영상

　다시 말해, 퍼스널 IP는 '나'라는 사람과 연계된 모든 창의적 산출물과 아이덴티티 요소를 경제적 가치로 전환한 것입니다. 이는 전통적인 지적재산권 관점에서 저작권이나 상표권으로 보호되는 범위를 넘어서 팬덤, 평판, 신뢰도와 같은 무형의 가치까지 포함한다는 점에서 확장된 개념입니다.

　예를 들어 오은영 박사는 '육아'와 '심리상담'이라는 분야에서 고유의 신뢰 자본을 구축하며 콘텐츠 이상의 가치를 가진 퍼스널 IP를 형성했습니다. 그녀의 이름이 들어간 책이나 방송, 강연은 곧바로 신뢰의 상징으로 받아들여지고, 유사 콘텐츠와도 명확히 구분됩니다. 이처럼 퍼스널 IP는 디지털 공간에서 규모의 경제와 롱테일 효과를 통해 시간이 지날수록 가치가 누적되는 성질을 가집니다.

　여기서 말하는 '롱테일 효과Long Tail Effect'란 초기에는 큰 주목을 받지 못한 콘텐츠라도 온라인 플랫폼에서는 장기간에 걸쳐 꾸준히 소비되며 지속적인 수익과 영향력을 만들어낸다는 개념입니다. 유튜브 알고리즘, 검색, 입소문 등을 통해 과거 콘텐츠가 반복적으로 소비되며 가치를 축적하는 것이죠. 예를 들어 몇 년 전에 올린 영상이 오늘도 검색을 통해 발견되고, 오래전에 쓴 책이 최근의 인터뷰나 이슈를 계기로 다시 판매되는 현상들이 이에 해당합니다.

즉, 한 번 생산된 콘텐츠는 디지털 아카이브에 남아 사람들에게 반복적으로 소비되고, 공유되며, 때로는 요약본, 밈, 패러디 같은 2차 창작물로 확장되어 자기 증식적 가치를 발휘하게 됩니다. 결국 개인이 꾸준히 축적해 온 콘텐츠와 이미지, 철학과 언어가 퍼스널 브랜드 자산이 되며, 이는 단순한 수익 창출원을 넘어 본인을 증명하는 신뢰 자본으로 작동하게 되는 것입니다.

그런데 이 퍼스널 IP의 구축과 확장 과정에 있어 최근 가장 큰 변수는 바로 AI 기술의 급속한 발전입니다. 콘텐츠의 생산과 유통, 번역, 재활용 방식이 과거와는 전혀 다른 차원으로 진화하면서 퍼스널 IP의 형성 방식 또한 근본적으로 변화하고 있습니다. 이는 한편으로는 전례 없는 기회를 제공하는 동시에, 다른 한편으로는 콘텐츠의 희소성과 차별성을 위협하는 도전이기도 합니다.

기회의 핵심은 생산성입니다. AI는 개인 콘텐츠의 생산성과 범위를 비약적으로 확대시켜 줍니다. 예를 들어 과거에는 1명이 1주일에 블로그 포스트 하나를 썼다면, 이제는 AI의 도움으로 하루에도 여러 개의 글을 초안 잡고 다듬어 발행할 수 있습니다. 동영상 크리에이터는 AI를 활용해 자막을 자동 생성하고, 음성을 다국어로 자동 더빙함으로써 동일한 콘텐츠를 여러 언어권에 자산화할 수 있습니다.

실제로 유튜브 최고 구독자 수를 지닌 크리에이터인 미스터 비스트Mr.Beast는 자신의 인기 영상을 10여 개 언어로 더빙해 전 세계 시청자들에게 제공하고 있으며, 그 결과 조회수와 영향력이 폭발적으로 증가했습니다. 이처럼 AI 기반 번역/더빙 기술은 개인의 콘텐츠를 다중 언어로 복제하여 글로벌 자산화하는 핵심 수단이 되고 있습니다. 또한 콘텐츠 재구성에도 AI가 활용됩니다. 방송인이나 인플루언서들은 과거에 만든 수백 시간의 영상이나 팟캐스트를 AI로 분석해 베스트 모먼트 편집본이나 주제별 재구성 콘텐츠를 손쉽게 만들어내고 있습니다. 이는 기존 콘텐츠의 롱테일 가치를 극대화하여 자산 수명을 연장시키는 효과가 있습니다.

한편 AI는 디지털 복제와 확산을 용이하게 하여 퍼스널 IP의 범위를 넓히지만, 동시에 희소성을 낮출 위험도 있습니다. 누구나 AI로 손쉽게 콘텐츠를 대량 생산할 수 있다면 콘텐츠 홍수 속에서 내 콘텐츠의 두드러짐은 줄어들 수 있기 때문입니다. 따라서 <u>개인이 AI를 통해 콘텐츠 자산을 확장하되 나만의 경험, 통찰이 담긴 오리지널리티와 큐레이션 능력을 겸비하는 것이 중요합니다.</u>

실제로 국내에서는 블로그 기반의 수익화 경쟁이 과열되면서, AI를 활용한 '영혼 없는 광고형 글'들이 범람하는 현상이 나타나고 있습니다. 이로 인해 일부 사용자들은 오히려 블로그 콘텐츠 자체를 피하는 경향도 나타나고 있습니다. 이는 AI가 양적 생산을 도와주지만 독자들이 원하는 것은 여전히 진정성과 고유한 목소리라는 점을 상기시켜 줍니다.

결국 퍼스널 IP 시대에는 '양보다 질' 그리고 '생산보다 브랜딩'의 요소가 부각됩니다. AI가 도와준 대량 생산 자체보다는, 그렇게 생산된 콘텐츠를 어떻게 브랜딩하고 자산화하여 나만의 IP로 각인시킬지가 관건이라는 뜻입니다.

퍼스널 IP 구축을 위한 3단계 전략과 파트너

퍼스널 IP는 개념만으로 존재하지 않습니다. 그것은 '개인의 경험과 콘텐츠'를 일정한 체계 안에서 축적하고, 브랜드화하며, 수익화 가능한 구조로 발전시킬 때 비로소 자산이 됩니다. 그렇다면 구체적으로 어떻게 시작할 수 있을까요?

먼저, 내가 가진 IP 자산의 소재를 정리하는 일부터 시작해야 합니다. 가장 손쉬운 방법은 지금까지 생산한 콘텐츠를 돌아보는 것입니다. 블로그에 쓴 글, 브런치 연재, 소셜미디어 피드, 강연 녹취록, 이메일 상담, 유튜브 영상, 팟캐스트 에피소드, 수업자료, 회의 메모까지 모두 '나를 설명하는 콘텐츠'입니다. 이들 자료를 항목별로 목록화하고 분류해 보세요. 내가 어떤 분야에서 가장 자주 이야기했는지, 어떤 방식으로 말했는지, 어떤 반응을 받았는지가 보이기 시작할 것입니다.

이제 수집된 자산을 주제와 형식에 따라 정리할 차례입니다. 예컨대 내가 '리더십'에 대해 자주 이야기했다면, 그중에서도 '신뢰받는 리더', '권한 위임', '피드백 문화'처럼 세부 주제로 나눌 수 있습니다. 이렇게 분류된 주제들은 향후 강의, 글, 영상 등 다양한 콘텐츠 기획의 토대가 됩니다. 또한 형태별 분류도 필요합니다. 글, 영상, 음성, 카드뉴스 등 각기 다른 포맷은 활용처가 다르기 때문입니다. 텍스트는 뉴스레터나 도서, 영상은 유튜브나 틱톡, 음성은 팟캐스트 등으로 재활용 가능성이 높아집니다. 이 과정을 통해 자신의 콘텐츠 자산을 다각적으로 변환하고, 플랫폼에 맞게 배치하는 전략이 가능해집니다.

마지막 단계는 이 모든 자산을 하나의 '나'라는 브랜드로 엮는 것입니다. '내가 반복해서 강조한 메시지는 무엇인가?', '어떤 언어로 사람들에게 말해 왔는가?', '사람들이 내 콘텐츠에서 느끼는 감정은 무엇인가?' 이 3가지 질문은 나의 브랜드 내러티브를 정립하는 데 중요한 단서가 됩니다. 콘텐츠의 소재나 형식이 다양해도 중심에 흐르는 철학과 태도, 표현 방식이 일관된다면 브랜드가 될 자격은 충분합니다. '나답다'는 감각이 콘텐츠 전반에서 일관되게 느껴지는 것, 그것이 바로 강력한 퍼스널 IP의 시작점입니다.

당연하지만 이러한 체계적 접근법은 실행으로 이어져야 합니다. 아무리 탁월한 관점을 가지고 있더라도 그것이 기록되지 않고 유통되지 않는다면 세상은 당신이 무엇을 말했는지 알 수 없습니

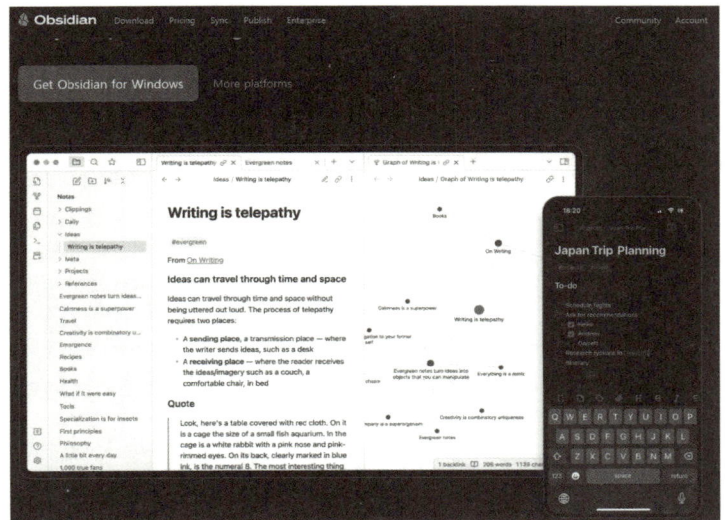

그림 24. 메모 어플리케이션 옵시디언

다. 다행히도 현대의 다양한 플랫폼들과 AI는 이러한 과정을 빠르고 쉽게 할 수 있도록 도와 줍니다.

생각을 글로 남기는 사람들에게 가장 좋은 출발점은 브런치나 미디엄같은 스토리 기반 플랫폼입니다. 이곳은 단순히 글을 쓰는 공간이 아니라 '브랜드화된 글쓰기'를 가능하게 해 주는 무대입니다. 하나의 철학을 꾸준히 기록하고, 문장에 스타일이 더해지면, 글이 브랜드가 됩니다. 구독자 수가 몇 명이든 상관없습니다. "이 사람 글은 참 독특하다"는 인상을 남긴 순간, 그것은 이미 IP가 되기 시작한 것입니다.

기록이 쌓이면 아카이브가 필요합니다. 노션이나 옵시디언은 생각을 구조화하고 주제별로 정리하는 데 강력한 파트너들입니다. 이는 단순한 노트가 아니라 '나의 언어 체계'를 정리하는 디지털 창고이자, 미래의 AI 분신에게 주입될 지식의 뼈대가 됩니다. 당신의 글이 쌓이고 연결될수록, 그 안에서 독특한 사고 패턴과 언어적 특징이 드러납니다.

영상 기반의 퍼스널 IP는 단순한 화려함이 아니라 나의 시선과 감정을 시청각으로 전달하는 확장된 언어입니다. 유튜브는 여전히 가장 큰 무대이며, 틱톡과 인스타 릴스는 스낵형 콘텐츠로 강한 인상을 남기기에 적합한 채널입니다. 처음부터 완성도를 고민할 필요는 없습니다. 캡컷CatCup이나 디스크립트 같은 AI 영상 편집 도구는 초보자도 콘텐츠를 다듬을 수 있게 도와줍니다. 당신이 말한 문장, 웃던 표정, 강조한 메시지 하나하나가 편집을 거쳐 나만의 영상 언어로 태어납니다. 그게 반복될수록 '화면 속의 나'는 누군가에게 배우고 싶은 브랜드가 됩니다.

어떤 지식은 말보다 수업으로 더 잘 전달됩니다. 클래스101, 탈잉, 유데미 같은 플랫폼은 당신의 경험을 수강 가능한 형태로 전환해 주는 공간입니다. 단순한 정보 전달을 넘어서 철학이 담긴 콘텐츠는 언제든 '반복 가능한 가치'로 전환됩니다. 내가 한 번 했던 강의가 영상으로 저장되고, 다음 세대가 그 영상을 통해 나를 배우게 되는 일은 하나의 경험이 아닌 하나의 시스템입니다. 당신의 수업은 생전에 머무르지 않고, 디지털 세계 속에서 계속해서 누군가에게 영감을 줄 것입니다.

시간이 부족한 사람일수록 AI의 힘은 더욱 중요해집니다. 챗GPT나 클로드는 초안 작성, 개요 정리, 브레인스토밍까지 당신의 창작 과정을 가속화해 줍니다. 일레븐랩스^{Elevenlabs}, 헤이젠^{Heygen}과 같은 파트너들은 당신의 콘텐츠를 국제화하여 더 넓은 청중에게 다가갈 수 있게 도와줍니다. 당신이 쉬는 시간에도 콘텐츠는 작동하고, 언어는 복제되고, 구조는 저장됩니다. 이것은 단지 생산성을 위한 기술이 아니라, 당신의 브랜딩을 시스템화하는 전략입니다.

밤에 떠오른 아이디어가 아침에는 이미 초안이 되어 있고, 지난 주의 강연이 오늘 블로그 포스트로 변환되어 있는 경험은 AI와 함께하는 퍼스널 IP 구축의 일상이 될 것입니다. 퍼스널 IP는 결국 '기록된 나'이고 '공유된 나'입니다. 당신만의 독특한 시선과 경험이 에이전트들을 통해 체계화되고 확장될 때, 그것은 단순한 콘텐츠를 넘어 하나의 영향력 있는 브랜드로 성장합니다.

콘텐츠에서 수익으로, 나를 지키는 전략까지

퍼스널 IP를 구축했다면 이를 바탕으로 다양한 수익화 전략을 펼칠 수 있습니다. 디지털 시대의 크리에이터들은 플랫폼을 통해 팬들과 직접 연결되면서 D2C$^{Direct-to-Consumer}$ 모델로 자신의 IP를 수익으로 전환하는 경우가 많습니다. 가장 대표적인 수익화는 구독 모델입니다. 구독 모델은 지속적인 가치 제공에 대한 대가로 정기 구독료를 받는 방식입니다. 예를 들어 뉴스레터 구독, 유료 커뮤니티 멤버십, 팟캐스트 유료 구독, 유튜브 멤버십 등이 이에 속합니다. 충성도 높은 팬이나 팔로워라면 매월 또는 매년 일정 금액을 지불하고서라도 해당 창작자의 콘텐츠를 꾸준히 받아 보기를 원합니다.

실제로 2020년대 들어 크리에이터 경제에서 구독 수익은 가파르게 성장하고 있는데, 미국 이마케터eMarketer의 보고서 분석에 따르면 2024년 소셜미디어 플랫폼에서 크리에이터들이 벌어들인 구독 수익만 2억 7천만 달러(약 3600억 원) 규모로, 불과 3년 전에 비해 3배 이상 성장한 것으로 나타났습니다.* 이는 개인이 자신의 콘텐츠를 자산화하여 정기 현금흐름을 창출하는 구독 모델이 점차 보편화되고 있음을 보여줍니다.

예를 들어 아프리카TV의 인기 BJ들은 유료 팬클럽이나 별풍선과 같은 후원 시스템을 통해 정기적이고 반복적인 수익을 창출하고 있습니다. 한때 개성있는 해설스타일과 유머코드를 가미한 축구중계로 유명한 감스트의 경우 탄탄한 고정팬을 기반으로 꽤 많은 수익을 거두며 지상파까지 진출하는 등 활동 영역을 확장하며, 퍼스널 IP를 다양한 채널로 수익화하고 있습니다.

자신의 전문 지식이나 기술을 유료 강의, 워크숍, 코칭 프로그램 형태로 제공하는 강의 및 코칭 역시 잘 알려진 수익모델입니다. 퍼

---

* eMarketer, "US Creator Economy Revenue Report 2024", 2024.

스널 브랜딩이 강한 전문가라면 온라인 강좌 플랫폼에 코스를 올리거나, 오프라인 세미나를 개최하여 수익을 창출할 수 있습니다. '원온원One-on-One' 코칭 기법으로 널리 알려진 백종화 강사는 리더십과 커뮤니케이션 분야에서 퍼스널 IP를 성공적으로 구축한 인물입니다. 그는 개인 대 개인의 깊이 있는 대화를 통해 구성원의 성장을 이끄는 코칭 철학을 브랜드화하였고, 이를 기반으로 다양한 기업에서 임원 대상 강의와 코칭을 진행하고 있습니다. 또한 온라인 플랫폼을 통한 클래스 운영, 베스트셀러 저서 출간 등으로 자신의 콘텐츠를 다채롭게 확장하며, 강사라는 직업을 넘어 콘텐츠 기반 비즈니스 창출자로 진화하고 있습니다.

강의 및 코칭은 단순한 정보 전달을 넘어서, '나만의 방식'과 철학이 담긴 콘텐츠로 브랜드화될 때 더욱 강력한 수익 모델이 됩니다. 자신의 경험과 세계관을 체계화하고, 이를 반복 가능하고 확장 가능한 구조로 전환했을 때, 퍼스널 IP는 시간의 한계를 뛰어넘는 자산으로 발전합니다. 특히 코로나 팬데믹 이후 비대면 교육이 확산되며 개인 강의 IP의 가치가 크게 상승하였습니다. 잘 만든 온라인 강의는 하나의 디지털 상품으로서 시간이 지나도 판매되며 꾸준한 수익을 안겨줍니다.

퍼스널 IP를 활용한 상품 및 굿즈 판매는 실물 제품을 직접 제작·판매하는 방식으로, 팬덤 기반 수익화 전략 중 하나입니다. 가장 단순한 형태는 책 출판이나 굿즈goods 제작입니다. 예를 들어 인기 유튜버가 자신의 유행어를 새긴 티셔츠, 머그컵, 스티커 등 문

그림 25. **유튜버 박막례 굿즈**

구류를 한정판으로 출시하거나, 유명 스트리머가 본인의 캐릭터를 활용한 피규어나 키링을 제작해 팬들에게 판매하는 방식입니다. 대표적인 사례로 '코리아 그랜마'로 널리 알려진 박막례 할머니는 유쾌한 흥과 솔직한 입담으로 전 세계적인 팬층을 확보한 인물입니다.

유튜브 활동을 통해 구글 본사에 초청되기도 했던 그녀는, 이후 『박막례시피』라는 책을 출간하고, 컵과 캘린더 등 다양한 굿즈를 제작 판매하며 퍼스널 IP를 실물 상품으로 확장했습니다. 콘텐츠에서 시작된 개성과 세계관이 물리적 제품에까지 확장된 사례는 팬들에게는 '소유 가능한 경험'을 제공하고, 창작자에게는 지속적인 수익원을 만들어주는 효과를 가져옵니다. 퍼스널 IP를 기반으로 한 상품은 팬덤의 규모에 비례하여 매출이 발생하므로, 브랜드 파워를 직접 수익으로 연결하는 가시적 형태라고 할 수 있습니다.

NFT와 메타버스 통한 디지털 자산화

블록체인 기술의 발전은 디지털 콘텐츠를 NFT$^{\text{Non-Fungible Token}}$ 형태로 자산화하고 수익화할 수 있는 새로운 길을 열었습니다. NFT는 디지털 파일에 고유한 소유권 증명서를 부여함으로써, 복제 가능한 이미지·영상·음악 파일에도 '이건 내 것이다'라는 소유권을 기술적으로 입증할 수 있는 수단이 됩니다. 이로 인해 크리에이터와 인플루언서들은 자신의 작품은 물론 밈^{meme}, 트윗 등 다양한 디지털 콘텐츠를 NFT로 발행해 경매에 부치기도 합니다. 대표적으로 트위터 창업자 잭 도시의 첫 트윗이 NFT로 290만 달러에 거래된 사례는 디지털 IP가 실질적인 가치를 지닐 수 있음을 보여줍니다.

퍼스널 IP 영역에서도 NFT는 새로운 수익 모델로 각광받고 있습니다. 팬덤을 기반으로 한정판 디지털 굿즈를 발행하거나, NFT 형태의 회원권을 통해 팬들에게 독점적인 접근 권한을 제공하는 방식이 대표적입니다. 최근에는 창작자가 NFT를 통해 콘텐츠에 대한 직접 수익은 물론, 2차 거래에서 발생하는 로열티까지 확보하는 사례가 늘고 있습니다. 국내에서는 가수 선미가 진행한 '선미야클럽' 프로젝트가 눈길을 끌었습니다. 이 프로젝트는 단순한 프로필 이미지가 아닌, 선미의 고유한 세계관과 캐릭터를 디지털 자산으로 구현했으며, NFT 보유자들에게는 한정판 굿즈 구매 기회, 오프라인 이벤트 참여권, 전용 커뮤니티 콘텐츠 등의 혜택이 제공되었습니다.

　NFT 시장은 아트 분야에서도 활발히 확장되고 있습니다. 비플, 그라임스, 마리킴, 뱅크시 등 세계적인 아티스트들이 NFT 작품을 선보였으며, 뱅크시는 자신의 작품 〈멍청이Morons〉를 불태우는 퍼포먼스를 통해 NFT의 상징성과 희소성을 강조했습니다. 10대의 나이에 NFT 스타 작가로 떠오른 푸오셔스FEWOCiOUS는 나이키와의 브랜드 협업까지 이뤄내며 NFT 기반 팬덤의 위력을 보여주기도 했습니다.

　K-팝 산업 역시 NFT 시장에 적극적으로 뛰어들고 있습니다. 하이브HYBE의 자회사 레벨스Levvels는 BTS를 포함한 소속 아티스트의 디지털 캐릭터와 굿즈를 NFT로 발행하여 전 세계 팬들의 열광적인 반응을 이끌어냈습니다. 이들은 단순한 수집용 콘텐츠를 넘어서, 공연 티켓 우선 구매권, 비공개 콘텐츠 접근권 등 다양한 특

전을 연계함으로써 NFT의 실용성과 팬 경험을 동시에 강화하는 전략을 취하고 있습니다.

일부 시장 보고서에 따르면 크리에이터가 자신의 콘텐츠를 NFT로 토큰화할 경우 전통적인 광고 협찬 모델보다 더 높은 수익을 올릴 수 있다는 분석도 있습니다. 이는 NFT가 중개자 없이 팬과 직접 가치를 교환할 수 있는 수단이자, 창작자에게 더 큰 수익 주체가 될 수 있음을 시사합니다. 나아가 퍼스널 IP 시장에서 NFT는 단순한 수익화 수단을 넘어, 팬의 참여를 이끌고 디지털 자산에 대한 소유감을 부여하는 핵심 축으로 자리 잡고 있습니다.

이러한 NFT 전략은 다양한 수익화 모델과 함께 더욱 정교한 생태계를 형성하고 있습니다. 구독, 강의, 실물 상품 판매는 물론 광고 수익, 후원, 라이선싱까지 결합되어 <u>퍼스널 IP는 '정보'가 아닌 '정체성', '상품'이 아닌 '브랜드'에 사람들이 기꺼이 비용을 지불하는 시대</u>를 반영합니다. 팬들은 더 이상 단순히 콘텐츠를 소비하는 것이 아니라 창작자의 가치와 철학, 세계관 자체를 소비합니다. 퍼스널 IP는 단순한 유명세가 아니라, 자신만의 언어와 방향성이 담기면 콘텐츠가 얼마나 진정성 있게 다가가는가에 대한 증거물이기도 합니다.

이 모든 중심에는 충성도 높은 팬 커뮤니티가 존재합니다. 그들은 단순한 소비자가 아닌 창작자의 방향성과 철학을 함께 지지하는 '동료'입니다. 피트니스 코치가 운동법이 아니라 건강한 삶의 가치를 전달하듯, 진정한 팬 커뮤니티는 공유된 가치로 형성됩니다. 크리에이터가 팬과 함께 챌린지를 기획하거나, 팬의 아이디어를 반영한 콘텐츠를 만들 때, 이 관계는 단순한 소비를 넘어 공동 창작의 경험으로 확장됩니다. 팬은 수용자가 아닌 공동 창작자가 되고, 커뮤니티의 결속은 더욱 단단해집니다. 퍼스널 IP의 진짜 자산은 팔로워 수가 아니라, 메시지에 공감하고 이를 자발적으로 확산시키는 팬들의 존재입니다.

팬 커뮤니티 중심의 퍼스널 IP 전략은 NFT 수익화 모델과 자연스럽게 연결됩니다. NFT는 단순한 디지털 굿즈를 넘어 크리에이터와 팬 사이의 '약속'을 담은 디지털 배지로 기능하며, 팬에게는 단순 소비자가 아닌 '공식 멤버'로서의 소속감을 부여합니다. NFT는 창작자의 콘텐츠에 대한 정체성과 가치를 기술적으로 입증하는 동시에, 팬과의 정서적 유대를 강화하는 플랫폼으로 진화하고 있습니다.

이 흐름을 더욱 확장시키는 것이 바로 메타버스입니다. 메타버스 플랫폼 '디센트럴랜드Decentraland'에서는 NFT 기반의 가상 부동산 '랜드LAND'를 통해 팬미팅, 라이브 공연, 가상 갤러리, 팝업스토어 등을 운영할 수 있습니다. 래퍼 스눕 독Snoop Dogg은 '스눕버스Snoopverse'라는 가상 공간을 구축하여 팬들과의 새로운 소통 방식을 선보였습니다. 이 공간에서는 현실의 제약 없이 팬들이 스눕 독의 디지털 맨션을 탐험하고, 가상 콘서트와 파티에 참여하며, NFT 기반의 특별한 경험을 즐길 수 있습니다.

특히, 스눕 독은 '스눕 독 프라이빗 파티 패스Snoop Dogg Private Party

그림 26. 스눕독 가상공간 'Snoop Dogg'

Pass'라는 NFT를 발행하여, 이를 소지한 팬들에게 독점적인 콘서트와 이벤트에 참여할 수 있는 권한을 부여했습니다. 이 패스는 한정 수량으로 제공되었으며, 일부는 더 샌드박스의 마켓플레이스를 통해 판매되었고, 나머지는 랜드LAND 구매자들에게 제공되었습니다.

또 다른 예로 아디다스Adidas는 '더 샌드박스' 내에서 NFT 기반의 한정판 디지털 의류를 출시했습니다. 팬들은 이 디지털 아이템을 통해 자신만의 정체성을 표현하고, 아디다스의 브랜드 커뮤니티에 참여함으로써 더욱 강한 소속감을 느끼는 경험을 하게 됩니다.

NFT와 메타버스의 결합은 특히 팬들과의 정서적 유대를 깊게 만드는 데 효과적입니다. 팬들은 자신이 응원하는 창작자의 세계관에 직접 들어가 체험하고, 가상 공간에서만 얻을 수 있는 독점 경험을 통해 더욱 강한 충성심을 형성합니다. 예컨대 NFT 기반의 티켓을 통해 한정 이벤트에 참여하거나, 특정 가상 공간에서만 획득 가능한 아이템을 통해 소속감과 프리미엄 경험을 동시에 제공합니다.

결국 NFT는 단순한 수익화 수단을 넘어, 크리에이터와 팬이 함께 구축해 나가는 지속 가능한 생태계의 핵심으로 자리 잡고 있습니다. NFT와 메타버스의 결합은 창작자의 세계관을 디지털 자산으로 구체화하고, 팬과의 상호작용을 더욱 심화시키는 창의적인 전략으로 발전하고 있습니다. 퍼스널 IP의 미래는 단순한 콘텐츠의 창작과 소비를 넘어, 정체성의 공유와 공동체의 형성이라는 새로운 지평을 향해 나아가고 있습니다.

퍼스널 IP의 유산화

과거 부모가 자식에게 물려준 것은 재산이나 물건이었습니다. 그러나 앞으로의 유산은 지능, 세계관, 사고 체계가 될 것입니다. 이는 단순한 기술 전수가 아닙니다. '나는 어떤 사람으로 살았고, 무엇을 중시했으며, 어떻게 결정하고 판단했는가'라는 삶의 설계도를 그대로 물려주는 것입니다. 그리고 이 모든 과정을 AI는 놀라울 정도로 섬세하게 재현할 수 있습니다.

예를 들어 어떤 부모가 자녀에게 꼭 가르치고 싶었던 교육 철학이 있었다고 해 봅시다. 그는 자신의 대화 패턴, 교육법, 책에서 얻은 교훈들을 AI에 학습시킵니다. 나의 말투, 유머 감각, 충고하는 방식, 화를 내는 포인트까지 포함해서요. 이렇게 학습된 GPT는 자녀가 인생의 갈림길에서 "아빠라면 어떻게 했을까?"라고 물으면, 마치 살아 있을 때처럼 때론 엄격하게, 때론 따뜻하게, 답해 주는 AI가 됩니다. 이 AI는 단지 기록을 넘어서 살아 있는 멘토, 디지털 코치, 혹은 'AI 부모'로 기능합니다. 내 경험을 담은 회의록, 블로그, 소셜미디어, 영상, 메모들을 GPT에 정리해 두고, 이를 '디지털 아카이브'로 남기면 자녀는 언제든 그 자료를 기반으로 조언을 받고, 삶의 태도를 이어갈 수 있습니다.

증여의 방식도 바뀔 수 있습니다. 이제 유산은 금고 속 열쇠나 통장, 부동산이 아닌, 클라우드 계정이 될 수 있습니다. USB에 담긴 개인 GPT 모델, 또는 탈중앙화된 블록체인 키로 보호된 '나의 디지털 정체성'은 법적 상속과 함께 자녀에게 전달됩니다. 이건 단지 기술이 아니라 관계의 연속성과 기억의 계승을 가능하게 하는 방법입니다.

이미 해외에서는 이를 대비한 법과 서비스도 등장하고 있습니다. 유럽연합과 미국은 디지털 유품에 대한 상속 법제를 논의하고 있고, AI 기반 디지털 유산(상속) 계획 플랫폼 My-Legacy.ai은 생성형 AI, 블록체인, 스마트 계약을 기반으로 사용자가 생전에 디지털 자산을 체계적으로 관리하고, 사후에도 가족과 소통할 수 있도록 돕는 맞춤형 유산 계획 서비스를 제공합니다.*

중요한 것은 이것이 단지 기록으로 남는 데서 끝나지 않는다는

---

* "Plan your digital legacy with AI", 〈My-Legacy.ai〉, 2023. https://my-legacy.ai.

점입니다. 잘 구축된 퍼스널 AI는 사후에도 지식 서비스를 제공하고, 교육 콘텐츠를 유통하며, 브랜드 IP로서 실질적인 수익을 창출할 수 있는 지속 가능한 자산이 됩니다.

예를 들어, 한 교육 전문가가 생전에 남긴 수천 편의 칼럼, 강의 영상, 자문 자료 그리고 GPT 기반으로 학습된 상담 대화 데이터가 있다고 가정해 봅시다. 이 모든 자산을 토대로 구축된 '퍼스널 AI 멘토'는 사후에도 여전히 교육 플랫폼에서 활동하며, 학생들의 질문에 답하고, 온라인 클래스에서 멘토링을 제공할 수 있습니다. 이 AI는 매달 구독료 기반의 서비스로 운영되며, 수익은 유족에게 돌아갑니다. 이 경우 그 사람의 지식과 철학은 단지 기억으로 남는 것이 아니라, 경제적으로 작동하는 지속 가능한 시스템이 된 셈입니다.

한마디로 말해 퍼스널 IP는 생전에는 영향력의 기반이 되고, 사후에는 경제적 가치가 유지되는 디지털 자산이 될 수 있습니다. 지금 당신이 GPT에 남기는 지식과 가치관, 콘텐츠와 판단 구조는 미래에 지속 가능한 현금 흐름을 창출할 수 있는 구조적 유산이 될 수도 있습니다.

퍼스널 IP의 법적 보호와 관리

퍼스널 IP는 디지털 공간이라는 광활한 바다 위에 떠 있는 작은 배와도 같습니다. 멀리서 보면 멋지고 자유롭게 항해하는 것 같지만, 실상은 수많은 위협에 노출되어 있습니다. 클릭 한 번이면 콘텐츠가 복제되고, 이미지 하나로 수익 구조가 무너질 수 있는 시대입니다. 그래서 퍼스널 IP를 가진 사람에게 '보호'는 선택이 아니라 생존의 조건입니다.

그 시작점은 저작권 등록입니다. 아무리 훌륭한 작품이라도 누군가 먼저 '내 것이다'라고 주장하면 난처해질 수 있죠. 특히 상업적 가치가 높은 콘텐츠라면 반드시 공식적인 등록 절차를 거쳐야 합니다. 창작의 흐름과 날짜를 문서화해 두는 것도 중요합니다. 훗날 분쟁이 발생했을 때, 그 기록은 가장 확실한 증거가 됩니다.

이어서 내 콘텐츠가 어떻게 사용될 수 있는지를 명확히 밝히는 것이 필요합니다. 크리에이티브 커먼즈 라이선스Creative Commons license처럼 사용 조건을 미리 명시하거나, 자체 이용 약관을 만들어 두면 무단 사용을 줄이는 데 효과적입니다. '출처 표기 필수', '비상업적 용도로만 허용' 같은 간단한 지침만으로도 창작물의 사용 경계를 분명히 할 수 있습니다. 특히 AI가 창작에 참여하는 시대에는 저작권 귀속 문제가 더욱 복잡해집니다.

생성형 AI가 만든 그림이나 글이 내 콘텐츠와 유사할 경우 그 책임은 누구에게 있는 걸까요? 미국 저작권청US Copyright Office은 AI가 단독으로 생성한 이미지나 텍스트에 대해 저작권을 인정하지 않는다는 명확한 입장을 밝혀왔습니다. 이는 곧, AI가 만든 콘텐츠는 원칙적으로 그 누구의 소유도 아니며, 해당 콘텐츠에 대해 법적 권리를 주장하기 위해서는 '인간의 창작성이 개입되었음'을 스스로 입증해야 한다는 뜻이기도 합니다.

즉, 단순히 AI 도구를 사용했다는 사실만으로는 권리를 주장할 수 없습니다. '창작의 방향을 인간이 설정했는가?', 'AI가 만든 결과물을 어떻게 수정하고 편집했는가?', '어떤 의도와 기준에 따라 결과물이 완성되었는가?'의 이 모든 '과정'의 흔적이 법적 보호의 근거가 되는 시대가 된 것입니다. 그렇기 때문에 이제는 결과물보다 창작의 철학, 제작의 순서, 개입의 깊이와 의미를 기록하고 설명할 수 있는가가 훨씬 더 중요해졌습니다. 아이디어 스케치, 창작 노트, 수정 이력, 피드백 과정 등 인간이 주도적으로 개입했다는 증거는 단순한 보조 자료가 아니라, 저작권 보호를 위한 가장 강력한 방패가 됩니다.

퍼스널 IP의 확장은 국내에만 국한되지 않습니다. 글로벌 시장 진출을 염두에 둔다면, 각국의 법률 환경에 맞춘 저작권 및 상표권 보호 전략이 필요합니다. 특히 중국처럼 IP 침해가 빈번한 시장에서는 진출 전 선제적인 상표 등록이 필수입니다. 미리 준비하지 않으면 되찾기 어려운 상황이 벌어질 수 있습니다.

이처럼 복잡하고 다층적인 보호 전략을 혼자서 감당하기 어려울 때, AI는 퍼스널 IP의 위협이자 동시에 조력자가 됩니다. 생성형 AI가 학습한 데이터를 기반으로 콘텐츠를 재생산하면서 '유사 표현'이나 'AI 환각Hallucination' 문제가 발생하기도 하지만, 반대로 AI는 창작물을 지키는 감시자가 되어주기도 합니다.

다행히 이제 창작자도 기술을 통해 대기업 못지않은 보호 체계를 갖출 수 있습니다. 시각 콘텐츠 추적의 경우 이미지 인식 기술을 활용하면 자신의 사진, 일러스트, 디자인 등이 어디에서 무단 사용되고 있는지 실시간으로 파악할 수 있습니다. 구글 이미지 검색이나 틴아이^{TinEye}는 기초적인 도구이고, 더 전문적인 모니터링 서비스도 존재합니다. 텍스트 콘텐츠의 경우 카피스케이프^{Copyscape}나 그램마리^{Grammarly} 같은 AI 기반 표절 감지 도구가 내 글이 다른 곳에서 복제되었는지를 확인해 줍니다. 소셜미디어 모니터링은 멘션^{Mention}, 브랜드워치^{Brandwatch}와 같은 브랜드 모니터링 툴을 통해 내 이름, 브랜드명, 키워드가 언급될 때마다 알림을 받아 브랜드 평판 관리와 저작권 보호를 동시에 수행할 수 있게 합니다.

유튜브 크리에이터라면 콘텐츠ID^{Content ID} 시스템을 적극 활용해야 합니다. 내 영상이나 음악이 무단으로 업로드되었을 때 자동 탐지 후, 차단하거나 수익 분배를 유도할 수 있습니다. 이는 단순한 침해 방지를 넘어 침해 콘텐츠를 새로운 수익원으로 전환하는 전략이 되기도 합니다. 더 나아가, 블록체인 기술은 창작물의 원작자임을 증명하는 강력한 수단이 됩니다. '바인디드^{Binded}'와 같은 서비스는 창작자가 자신의 작품을 등록하면 디지털 소유증명서와 이용자 정보를 기록해 향후 저작권을 주장할 수 있도록 돕습니다. 디지털 아트, 음악, NFT처럼 복제가 쉬운 자산의 소유권을 지키는 데 효과적입니다.

콘텐츠의 상업적 활용이 늘어날수록 라이선스 관리의 중요성도 커집니다. 이때 디지털 저작권 관리^{DRM} 시스템을 도입하면 콘텐츠 사용 권한을 자동으로 제어하고, 수익 배분과 정산을 효율적으로 처리할 수 있습니다. 복잡한 저작권 운영을 보다 정교하고 체계적인 방식으로 관리할 수 있게 되는 것입니다.

결국 퍼스널 IP 관리는 방어의 기술을 넘어서 브랜드의 가치를 극대화하는 전략적 행위입니다. 보호와 확장은 동전의 양면이며, 그 두 축을 받쳐주는 것이 바로 법과 기술입니다. "좋은 콘텐츠를 만들어 어떻게 주목 받을 것인가?"에서 끝나는 게 아니라, 내가 만든 것을 "어떻게 지킬 것인가?" 그리고 "어떻게 성장시킬 것인가?"도 함께 고민해야 진짜 내 자산이 되는 것입니다.

국경 없는 글로벌 브랜드 만들기

싸이의 '강남스타일'이 유튜브를 통해 전 세계를 강타하고, BTS와 뉴진스가 빌보드 차트를 석권하며 K-POP을 글로벌 대중문화의 중심으로 이끈 현상은 단순한 유행을 넘어선 문화적 패러다임의 전환을 시사합니다. 드라마 〈오징어게임〉은 넷플릭스 역사상 최다 시청 시간을 기록하며 세계인의 이목을 집중시켰고, 한국의 전통 놀이를 즐기거나 비빔밥과 김치 같은 한식을 맛보는 외국인의 모습 또한 이제는 낯설지 않습니다.

이런 한류의 성공요인을 여럿 학자들이 분석하고 다양한 의견을 내놓고 있지만, 개인적으로 저는 봉준호 감독의 영화 〈기생충〉

의 아카데미 시상식 수상소감이 가장 기억에 남습니다. "가장 개인적인 것이 가장 창의적인 것이다!"라는 이 한마디는 단순한 수사를 넘어 글로벌 시대 창작과 콘텐츠 전략의 본질을 꿰뚫는 통찰로 느껴졌습니다. 나아가 저는 이렇게 덧붙이고 싶습니다. 가장 개인적인 것이 가장 창의적이며, 동시에 가장 세계적이다.

유튜버 '햄지Hamzy'의 사례는 '가장 개인적인 것'이 어떻게 '가장 창의적이고 세계적인 것'이 되는지를 완벽하게 보여줍니다. 2018년 첫 영상을 올렸을 때만 해도 그녀는 한국의 수많은 먹방 크리에이터 중 하나에 불과했습니다. 그런데 그녀만의 창의적인 접근이 있었습니다. '말하지 않는 먹방'이라는 개인적 특징을 극대화한 것입니다. 다른 크리에이터들이 시청자와 끊임없이 대화하며 음식을 설명하는 동안, 햄지는 거의 말을 하지 않았습니다. 대신 그녀는 음식을 먹는 리액션과 표정만으로 소통했습니다. 이 '무언의 소통'은 언어의 장벽을 넘어서는 창의적 솔루션이 되었습니다. 영어, 스페인어, 아랍어를 구사하는 시청자들도 그녀가 음식을 음미하는 표정과 제스처만으로 충분히 공감할 수 있었기 때문입니다. 가장 개인적인 특성이 가장 창의적인 콘텐츠 형식으로 발전했고, 결국 가장 세계적인 성공으로 이어졌습니다. 특히 그녀가 한국의 전통 떡볶이를 먹는 영상은 단 일주일 만에 100만 뷰를 돌파하며 글로벌 바이럴을 일으켰습니다.

햄지의 성공에서 주목할 점은 글로벌 시청자들을 의식해서 갑작스럽게 영어로 말하거나 외국 음식만 먹는 콘텐츠로 전환하지 않았다는 것입니다. 오히려 자신의 스타일인 '조용한 먹방'을 더욱 발전시켰습니다. 음식을 씹는 소리^{ASMR}, 음식의 질감, 먹는 과정의 시각적 즐거움 등을 최대한 살려내며, 언어를 넘어선 감각적 경험을 제공하는 데 집중했습니다. 가장 개인적인 것을 포기하지 않고 더욱 창의적으로 발전시켰을 때, 그것이 가장 세계적인 성공으로 이어진 것입니다.

이런 흐름은 알고리즘의 진화 방향과도 맞닿아 있습니다. 유튜브, 틱톡, 인스타그램 같은 플랫폼은 과거에는 언어와 지역 중심의 추천 시스템을 운영했지만 이제는 시각적 흡입력과 감정적 반응을 중심으로 콘텐츠를 추천합니다. 춤, 음식, 메이크업, 스포츠 같은 콘텐츠가 언어에 구애받지 않고 '전 세계 누구에게나 도달할 수 있는' 시대가 된 것입니다.

자신의 소소한 일상과 집에서의 생활을 차분하고 아름다운 영상미로 담아내는 브이로거 '온도^{ondo}' 역시 특별한 사건이나 자극적인 내용 없이도 잔잔한 감성과 특유의 분위기만으로 수많은 해외 구독자들의 공감을 얻고 있습니다. 그녀의 영상 속 한국의 사계절, 평범한 식사 준비 과정, 소품 하나하나에 담긴 취향 등 지극히 개인적인 요소들이 오히려 국경을 넘어 보편적인 감흥을 불러일으키는 것입니다. 마찬가지로 독특한 그림체와 자신만의 세계관을 담아낸 웹툰 작가들이나, 개인의 경험과 철학을 독창적인 음악으로 표현하는 인디 뮤지션들 또한 플랫폼을 통해 해외 팬덤을 구축하는 사례가 늘고 있습니다. 이들은 모두 자신의 가장 진솔하고 개인적인 이야기를 창의적으로 풀어냄으로써 세계인의 마음을 사로잡고 있습니다.

오리지널리티 구축과 AI 활용

첫 파트에서 가장 개인적인 것이 가장 창의적이며 세계적이라는 명제가 제시되었다면, 이제는 그 '개인적인 것'을 어떻게 시장에서 경쟁 우위를 확보하는 '오리지널리티^{Originality}'로 구체화하고, 이를 효과적인 경로를 통해 글로벌 목표 시장에 도달시킬 것인지에 대한 냉철한 분석과 전략적 접근이 필요합니다. 이는 감상적인 자기 탐구를 넘어, 자신의 경험, 지식, 기술, 심지어는 독특한 관점이나 취향까지도 하나의 고유 자산으로 인식하고, 이것이 글로벌 시장의 어떤 수요와 만나 시너지를 낼 수 있을지 면밀히 검토하는 과정에서 시작됩니다.

최근 콘텐츠 시장 분석에 따르면, 대중은 더 이상 완벽하게 연출된 모습이나 일반적인 정보의 나열에 반응하지 않으며, 오히려 특정 분야에 대한 깊이 있는 전문성, 또는 지극히 개인적인 경험에서 우러나오는 날것의 통찰력과 같은 '대체 불가능한 가치'에 열광하는 경향이 뚜렷해지고 있습니다. 당신의 삶에서 축적된 데이터, 즉 당신만이 겪어온 사건들, 그 과정에서 얻은 교훈, 특정 분야에 대한 남다른 열정과 지식 체계는 그 자체로 독점적인 콘텐츠 소스가 될 수 있습니다.

예를 들어, 특정 질병을 극복한 경험은 수많은 환우들에게 실질적인 정보와 정서적 지지를 제공하는 강력한 콘텐츠 IP로 발전할 수 있으며, 과거 비주류로 여겨졌던 취미나 전문 분야에 대한 깊이 있는 탐구는 글로벌 단위의 특정 관심사를 가진 '니치 마켓'을 정확히 공략하는 열쇠가 됩니다. 핵심은 이러한 개인적 자산을 객관적으로 목록화하고, 현재의 글로벌 콘텐츠 트렌드 및 잠재 고객의 구체적인 니즈와 교차 분석하여 자신만의 명확한 '가치 제안Value Proposition'을 도출하는 것입니다. 단순히 '나'를 보여주는 것을 넘어, 나의 어떤 요소가 타인에게 차별화된 가치를 제공할 수 있는가를 냉정히 판단하고, 이를 콘텐츠의 핵심 정체성으로 구축하는 과정이 선행되어야 합니다. 이렇게 발견되고 전략적으로 구축된 당신의 '오리지널리티'는 이제 감성적 자기만족을 넘어, 퍼스널 IP의 성공적인 첫 단추가 되며, 철저히 관리되고 발전시켜야 할 핵심 자산입니다.

정제된 당신의 오리지널리티는 이제 효과적인 경로와 전략을 통해 목표 시장에 도달해야 합니다. 여기서 플랫폼 선택과 테크놀로지 활용은 단순한 도구 사용을 넘어, IP 확장의 성패를 좌우하는 핵심 전략 요소로 기능합니다. 최근 글로벌 플랫폼들의 알고리즘은 사용자의 콘텐츠 소비 패턴, 체류 시간, 상호작용 데이터 등을 정밀하게 분석하여 고도로 개인화된 추천을 제공하는 방향으로 진화하고 있으며, 이는 곧 자신의 콘텐츠 특성과 시청자들의 인구통계학적 정보 및 관심사에 가장 부합하는 플랫폼을 전략적으로 선택하고, 해당 플랫폼의 알고리즘에 최적화된 형태로 콘텐츠를 가공 및 배포하는 것이 무엇보다 중요해졌음을 의미합니다.

예를 들어 시각적 임팩트와 짧은 호흡의 콘텐츠가 강점이라면 틱톡이나 인스타그램 릴스가, 깊이 있는 정보 전달이나 스토리텔링 기반의 콘텐츠라면 유튜브나 블로그, 팟캐스트가 더 적합한 선택일 수 있습니다. 더 나아가, 단일 플랫폼에만 의존하기보다는 각 플랫폼의 고유한 특성을 활용한 '크로스 플랫폼 전략'을 통해 콘텐츠의 도달 범위를 극대화해서 다양한 잠재 고객층과의 다각적인 접점을 마련하는 것 또한 중요합니다.

이 과정에서 인공지능AI 기술은 퍼스널 IP의 글로벌 확장을 위한 단순한 보조 도구를 넘어, 핵심적인 전략 파트너로 부상하고 있습니다. 챗GPT, 라이트소닉Writesonic, 뤼튼 같은 AI는 콘텐츠 아이디어를 제안하고, 블로그나 영상 스크립트를 초안 형태로 빠르게 만들어 줍니다. 미드저니Midjourney, 달리DALL·E, 런웨이엠엘Runway ML은 당신이 상상한 이미지를 눈앞에 구현해 주고, 센세시아Synthesia, 피카Pika, 헤이젠HeyGen 같은 영상 생성 AI는 AI 아바타를 통해 다국어 영상 콘텐츠를 손쉽게 제작하게 합니다. 디스크립트Descript나 루멘5Lumen5는 영상 편집을 자동화하고, 딥플DeepL이나 GPT 기반 번역기는 콘텐츠를 글로벌 언어로 변환하며, 당신의 메시지를 더 많은 이들에게 닿게 만듭니다.

제목, 썸네일, 형식을 바꿔 실험해 볼 수 있는 A/B 테스트는 뉴로플래시Neuroflash나 카피에이아이Copy.ai 같은 AI가 추천안을 제

구분	도구명	주요 기능
텍스트 생성	ChatGPT, Jasper, Writesonic	콘텐츠 아이디어 발상, 스크립트 작성
이미지 생성	Midjourney, DALL-E	이미지 시각화, 썸네일/비주얼 콘텐츠 제작
영상 생성	Synthesia, Pika, HeyGen	AI 아바타 기반 다국어 영상 제작, 자동 내레이션
영상 편집 및 요약	Descript, Lumen5	영상 자막 추출, 클리핑 자동화, 텍스트 기반 편집
번역 및 현지화	DeepL, GPT 기반 번역기	고정밀 다국어 번역, 글로벌 콘텐츠 로컬라이징
A/B 테스트 및 카피 최적화	Neuroflash, Copy.ai	제목/문구 버전 생성 및 반응 예측
IP 보호 및 콘텐츠 추적	Google SynthID, Imatag	AI 워터마킹, 출처 식별, 무단 사용 방지

그림 28. 콘텐츠 제작을 위한 AI 정리표

공해 주며, 더 높은 반응을 이끌어 낼 가능성을 예측해 줍니다. 그리고 당신의 창작물이 무단으로 사용되거나 복제되지 않도록 하기 위한 IP 보호 역시 이제는 구글 신스아이디Google SynthID나 이마테크Imatag 같은 AI 워터마킹 기술이 출처를 식별하고 불법 사용을 감지해 주는 시대가 되었습니다.

이처럼 AI 기술은 콘텐츠 아이디어 발상, 제작, 최적화, 시청자 분석 그리고 IP 보호에 이르기까지 글로벌 확장의 전 과정에서 창작자의 역량을 극대화하고 있습니다. 이는 곧, 개인의 고유한 가치에 대한 확신을 바탕으로 플랫폼에 대한 전략적 접근과 AI 기술의 능동적인 활용을 유기적으로 결합할 때 비로소 퍼스널 IP가 국경을 넘어 강력한 글로벌 연결고리를 확보하고 지속 가능한 성장을 이룰 수 있음을 의미합니다.

따라서 당신의 오리지널리티를 핵심 자산으로 삼아 플랫폼의 특성과 알고리즘에 대한 깊이 있는 이해 그리고 AI를 포함한 최신 테크놀로지를 적극적으로 활용한 데이터 기반으로 의사결정을 한다면 당신의 퍼스널 IP가 강력한 글로벌 연결고리를 확보하고 지속적으로 성장하는 데 결정적인 역할을 수행할 것입니다.

글로벌 협업과 네트워킹

최근 국내에서는 유튜브를 중심으로 크리에이터 간의 협업, 이른바 '콜라보'가 하나의 문화로 자리 잡고 있습니다. 서로가 경쟁자가 되어야 할 여행 유튜버들이 함께 같은 여행지로 떠나 콘텐츠를 촬영하고, 각자의 채널에 교차 출연하는 모습은 이제 낯설지 않습니다. 심지어 콘텐츠의 장르가 전혀 다른 유튜버들 간에도 협업이 활발합니다. 일상 브이로그 채널과 미술 콘텐츠 채널, 음식 리뷰어와 교육 크리에이터가 함께 만든 영상들이 수십만 뷰를 기록하며 예상 밖의 반응을 끌어내고 있습니다. 이처럼 서로의 세계를 열어주고, 자신만의 팬덤을 교차 노출시켜 주는 협업은 단순한 출연을 넘어 창작 생태계를 구성하는 중요한 연결 고리가 되고 있습니다.

그렇다면 이러한 협업의 흐름을 국내를 넘어 해외로 확장시킨

다면 어떤 일이 벌어질까요?

단순한 콘텐츠 소비를 넘어, 능동적인 글로벌 협업과 네트워킹은 나의 콘텐츠가 전혀 다른 문화적 맥락 속에서 새롭게 해석되고, 때로는 뜻밖의 창의적 시너지를 일으키는 기회를 제공합니다. 예컨대, 한국의 뷰티 크리에이터가 브라질의 메이크업 아티스트와 함께 공동 콘텐츠를 제작한다면, 단순한 화장법 소개를 넘어 K-뷰티의 섬세한 감성과 라틴 아메리카 특유의 생동감 있는 스타일이 융합된 새로운 트렌드가 탄생할 수 있습니다.

이러한 글로벌 협업이 얼마나 강력한 힘을 지닐 수 있는지를 보여주는 대표적인 사례 중 하나가 바로 로제ROSÉ와 브루노 마스Bruno Mars의 협업곡 〈APT.〉입니다. 이 곡은 한국의 전통 술자리 게임인 '아파트 게임'에서 영감을 받아 만들어졌으며, 로제와 브루노 마스가 직접 작곡과 프로듀싱에 참여했습니다. 전통적인 감성과 글로벌 팝 사운드가 결합된 이 곡은 발매 직후 전 세계 50개국 이상의 음원 차트에서 1위를 기록했고, 빌보드 글로벌 200 차트에서는 무려 12주 연속 1위를 차지했습니다. 스포티파이에서는 단 100일 만에 10억 스트리밍을 돌파하며 K-팝 아티스트 중 최단 기록을 세우기도 했습니다. 〈APT.〉는 단지 한 곡의 히트가 아니라 서로 다른 문화와 언어, 감성을 가진 두 아티스트가 진정한 창작적 파트너로 연결될 수 있다는 것을 보여준 사건이었습니다.

이처럼 협업은 단지 조회 수를 높이기 위한 도구를 넘어서, 서로 다른 문화권의 감각과 미학이 조화를 이루는 하나의 문화적 대화이며, 콘텐츠를 매개로 한 공동 창작의 무대가 됩니다. 그것은 마치 두 개의 다른 언어가 만나 하나의 시를 완성하는 과정과도 같으며, 크리에이터 스스로의 정체성과 오리지널리티를 세계와 연결시키는 강력한 수단이 됩니다.

협업이 제공하는 가장 실질적인 가치는 '<u>크로스 오디언스 접근성</u>'입니다. 각기 다른 지역과 문화권에 자신만의 팬덤을 보유한 창작자와 협력하는 순간, 당신의 콘텐츠는 이전까지 닿을 수 없었던 새로운 시청자층에게 자연스럽게 도달할 수 있습니다. 특히 언어와 문화적 장벽이 높은 시장일수록 해당 지역의 크리에이터와의 협업은 가장 효율적이고 효과적인 진입 전략이 될 수 있습니다.

성공적인 협업을 위해서는 먼저 전략적인 파트너 선택이 중요합니다. 겉으로 드러나는 팔로워 수나 조회 수보다는, 나와 얼마나 정체성이 맞는지, 나의 콘텐츠 철학과 얼마나 공명할 수 있는지를 먼저 살펴야 합니다. 극적으로 다른 콘텐츠 스타일의 만남이 의외의 시너지를 낳는 경우도 있지만, 핵심 가치관이 어긋나면 브랜드 이미지에 오히려 혼란을 줄 수 있기 때문입니다. 또 서로의 팬들이 어느 정도 겹치면서도 아직 우리가 다가가지 못했던 새로운 고객들에게도 함께 다가갈 수 있는 파트너라면, 더 넓은 시장으로 사업을 확장할 수 있게 됩니다. 나아가 문화적 이해와 공감 능력을 갖춘 협업 상대라면, 결과물 또한 깊이 있고 진정성 있게 완성될 수 있습니다.

이제 글로벌 네트워킹은 물리적 거리에 얽매이지 않습니다. 디지털 플랫폼 중심의 연결 방식이 보편화되면서, 누구든지 세계 곳곳의 창작자와 연결되고, 협업하며, 함께 성장할 수 있는 환경이 조성되었습니다. 이를 위해서는 단순한 계정 운영을 넘어, 자신의 개성과 전문성을 정교하게 설계할 필요가 있습니다. 링크드인이나 인스타그램, X같은 채널에서 꾸준히 업계 인사이트를 나누고, 나만의 관점을 표현하는 과정은 당신을 단순한 '콘텐츠 생산자'를 넘어 고유한 가치와 세계관을 지닌 '퍼스널 브랜드'로 포지셔닝하게 만듭니다.

팬데믹 이후 급증한 웨비나, 온라인 콘퍼런스, 가상 네트워킹 행사들도 전 세계 전문가 및 창작자들과 연결되는 중요한 무대가 되었습니다. 이 자리에 스피커로 참여하거나, 적극적으로 질의응답에 나서고, 이후 소셜미디어를 통한 후속 소통으로 이어가는 태도는 의미 있는 관계 형성의 출발점이 됩니다. 때로는 다른 이의 콘텐츠에 진심 어린 댓글을 남기고, 피드백을 제공하는 방식도 의외로 강한 인상을 남깁니다. 콘텐츠를 통해, 관계를 통해 그리고 이야기의 깊이를 통해 우리는 서로를 알아갑니다.

글로벌 협업이 구체화되면, 실행의 단계에서는 더 섬세한 전략과 관리가 필요합니다. 프로젝트의 목표와 역할 분담은 명확히 해야 하며, 서로의 문화적 차이를 이해하지 못한 채 시작한 협업은 오해와 충돌을 낳기 쉽습니다. 언어 장벽은 번역 도구와 통역 서비스로 보완할 수 있지만 '문화적 뉘앙스'는 기술로 해결되지 않는 영역입니다. 예를 들어, 어떤 문화에서는 직설적인 피드백이 솔직함으로 여겨지지만, 다른 문화에서는 예의 없는 태도로 받아들여질 수 있습니다. 서로의 업무 속도, 의사소통 방식, 공휴일과 시간 개념의 차이까지도 충분히 고려하고 존중하는 태도야말로 성공적인 협업의 본질입니다.

더 나아가 글로벌 협업은 일회성 프로젝트로 끝나서는 안 됩니다. <u>지속적인 연결과 상호작용을 통해, 당신의 퍼스널 IP는 단일 콘텐츠가 아닌 '생태계'로 진화합니다.</u> 공동 창작물에서 발생한 수익과 성과를 함께 나누는 구조를 만들고, 서로의 성장을 응원하며 새로운 기회를 공유하는 과정을 통해 장기적 파트너십이 형성됩니다. 프로젝트가 끝난 이후에도 꾸준한 연락, 커뮤니티 참여, 포트폴리오 공유 등을 통해 당신의 국제적 협업 이력을 증명하고 확장할 수 있습니다.

결국 글로벌 협업과 네트워킹은 당신의 퍼스널 IP가 국내에 한정된 수익 모델에 머무는 것이 아니라, 전 세계 곳곳에서 살아 숨 쉬며 영향력을 발휘하는 브랜드로 확장되는 데 있어 결정적인 추진력이 됩니다. 미래의 퍼스널 IP는 더욱 고도화되고 전문화될 것입니다. 그 자산을 어떻게 쌓고 운영해 나가느냐가 바로, 글로벌 퍼스널 IP 시대의 성패를 가르는 기준이 될 것입니다. 메타버스의 확산으로 가상 공간에서의 IP 확장이 본격화될 것이며, AI 기술의 발전으로 개인화된 콘텐츠 제작과 배포가 더욱 정교해질 것입니다. NFT와 블록체인 기술을 활용한 새로운 수익 모델이 계속 등장할 것이고, 팬들과의 관계도 더욱 직접적이고 참여적인 형태로 진화할 것입니다. 플랫폼은 도구이고, AI는 에이전트이며, 관계는 자산입니다.

누구나 데이터가 되는 시대입니다. 하루에도 수많은 콘텐츠가 쏟아지고, 개인의 흔적은 플랫폼의 알고리즘 속에 소비되고 사라집니다. 그런 세상에서 나를 브랜드로 만든다는 것은 단지 눈에 띄는 것을 넘어서, 나의 철학, 언어, 세계관을 시간과 공간을 넘어 확장시키는 일입니다. 이 책은 AI라는 에이전트를 통해 당신이 '더 많은 것'을 할 수 있도록 안내해 왔지만, 결국 중요한 건 무엇을 할 것인가가 아니라, 왜 그 일을 하느냐는 질문입니다. 나의 이름으로 나의 목소리로 세상에 말을 건넬 수 있는 시대, 진짜 중요한 것은 그 안에 담긴 의지와 방향성일 것입니다. 이제 우리는 선택의 기로에 서 있습니다. 브랜드가 되어 '기억될 준비'를 하느냐, 아니면 데이터로 남아 '지워질 운명'을 따르느냐. 답은 당신의 스토리 안에 모두 녹아 있습니다. 그리고 그 이야기를 설계하고 전파할 수 있는 모든 모든 기술과 가능성은 지금 당신의 손 안에 있습니다.

에필로그

계속해서 배우고
변화하기를

어느 날 열 살 된 아이에게 영어 공부를 재미있게 할 방법을 고민하다 챗GPT를 소개해 준 적이 있습니다. 처음엔 그저 놀이처럼 시작했습니다. "우와, 아빠! 이거 진짜 대답한다!" 저를 보며 눈을 동그랗게 뜨더니 이것저것 물어보며 재미를 붙이기 시작했습니다. 그리고 며칠 만에 아이는 GPT를 통해 영어 발음을 교정 받고, 표현을 다듬고, 호기심 가득한 질문들에 실시간으로 답을 얻기 시작했습니다.

그리고 어느 날 저녁, 제가 무언가를 고민하며 중얼거리자 아이가 당연한듯 말합니다. "아빠, 모르면 챗GPT에 물어봐." 그 말에 저는 순간 멍해지며 과연 AI가 이제 세상을 어떻게 바꿔갈지 두려움과 함께 궁금함이 동시에 밀려왔습니다. 이 아이가 어른이 될 무렵, AI는 과연 어디까지 진화해 있을까요? 사람들은 어떤 모습으로 AI와 함께 살아가고 있을까요? 상상조차 쉽지 않습니다.

비단 집에서 뿐만 아니라 제가 몸담고 있는 조직에서의 변화는 훨씬 더 빠르고 극적입니다. 불과 몇 달 전까지만 해도 외주를 주거나, 꽤 오랜 시간이 걸리던 시장 조사, 캠페인 전략 수립, 콘텐츠 제작, 미디어 예산 분배 같은 업무들이 이제는 AI를 통해 몇 시간 내에 처리됩니다. 업무 속도와 효율은 몇 배나 높아졌고, 결국 누가 더 AI를 잘 쓰느냐가 업무성과로 나타나기 시작했습니다. AI의 영향력은 이제 '개인 능력'의 일부로 간주됩니다. 회사에서도 이를 반영하듯 'AI 활용법', '프롬프트 엔지니어링 기초' 같은 사내 교육을 늘렸고, 심지어 AI 자격증 보유자에게 가산점을 부여하기까지 합니다. 현명한 조직은 이미 알고 있었습니다. AI를 통해 생산성은 높이고, 인건비는 줄일 수 있다는 것을.

데이터 전문가 송길영 작가는 한 인터뷰에서 이렇게 말했습니다. "반복적이고 설명 가능한 작업은 AI가 가장 빠르게 대체한다. 고급 지식조차 예외가 아니다."

결국 몇 년 안에 내가 가지고 있는 지식과 경험, 노하우들 역시 AI가 학습하고 배우면서 내 자리를 대체하지는 않을까? 이런 불안은 비단 저만의 것은 아니었습니다. 손동진 대표 역시 같은 고민을 안고 있었습니다. 오히려 광고회사의 대표로서 그는 AI가 가져올 변화의 파도를 더 크게, 더 깊이 체감하고 있었습니다. 저희는 서로의 불안과 고민을 나누면서 자연스럽게 긴 대화를 시작하게 되었습니다. 각자의 분야에서 쌓아온 경험과 통찰을 나누다 보니, AI 시대를 살아가는 방법에 대한 답을 함께 찾아가게 되었고, 결국 하나의 공통된 결론에 다다르게 되었습니다. 바로, "AI 시대를 두려워할 것이 아니라, 함께 살아가는 방식을 찾아야 한다"는 것이었습니다.

지식이 많다고, 감성이 풍부하다고, 창의적이라고 해도 AI 시대에 영원한 직업은 없습니다. 결국 중요한 것은 내가 어떻게 변화에 반응하고, 어떻게 '내 브랜드를 만들어서 차별화하고 지속적으로 성장시키느냐'입니다. AI 시대에 진짜 강한 사람은 한 가지를 잘하는 사람이 아니라, 계속해서 배우고 변화할 줄 아는 사람입니다.

배우고 변화하십시오. 저희도 그러고 있습니다.

실전 가이드

퍼스널 AI 에이전트를 만드는 6가지 도구와 방법

AI가 콘텐츠를 양산하는 시대, 사람들은 이제 '기억에 남는 사람'만 주목합니다. 나만의 브랜드로 살아남기 위해서는 단순한 창작을 넘어, 철학과 구조 그리고 반복 가능한 실행 시스템이 필요합니다. 이 확장된 가이드는 여러분이 직접 움직여 '작동하는 브랜드'가 되기 위한 6가지 핵심 전략과 AI 도구 활용법을 기술적 세부 사항과 함께 심층 안내합니다.

첫 번째, 디지털 페르소나 정렬

ChatGPT + Notion으로 시작하는 AI 퍼스널 브랜딩의 첫걸음

● 왜 디지털 페르소나부터 시작해야 하는가?

AI가 당신 대신 말하고 판단하는 시대입니다. 더 이상 침묵은 선택이 아니라, AI에게 당신을 설명할 기회를 넘기는 일이 됩니다.

6가지 실전 도구

전략 항목	사용 툴	핵심 목표	활용 방법
디지털 페르소나 정렬	ChatGPT + Notion	정체성을 언어로 구조화	나의 철학, 언어, 톤앤매너를 체계적으로 정리
AI 아바타 콘텐츠 제작	HeyGen + ElevenLabs + Capcut	내 얼굴과 목소리로 콘텐츠 구현	신뢰감 있는 AI 영상 콘텐츠 자동 제작
콘텐츠 AI 큐레이션	Notebook LM	과거 콘텐츠를 자동 아이디어화	기존 자산을 분석하여 지속적 콘텐츠 생산
SEO 기반 노출 전략	NEURONwriter, ADPlorer, ChatGPT	검색 노출 최적화	키워드 분석 및 구조화된 콘텐츠 작성
퍼스널 AI 에이전트 제작	ChatGPT (My GPTs)	나를 닮은 디지털 조력자 구축	정체성을 학습한 AI가 콘텐츠·상담·교육 대행
글로벌 콘텐츠 확장	ElevenLabs, HeyGen, Substack 등	다국어 콘텐츠 확산	자동 더빙과 해외 플랫폼 연계를 통한 IP 확장

생성형 AI는 당신의 말투, 관심사, 가치관을 학습해 '당신처럼 보이는 콘텐츠'를 만들어 냅니다. 그래서 브랜딩의 시작은 콘텐츠가 아니라 '정체성의 정렬Identity Alignment'에서 출발해야 합니다. 디지털 페르소나는 단순한 자기소개가 아닙니다. 그것은 AI가 인식하고, 사람들이 기억하는 '언어와 태도의 일관된 패턴'입니다. 스티브 잡스는 '혁신', 오프라 윈프리는 '공감', 마리 콘도는 '설렘의 정리'처럼, 이들은 모두 자신만의 언어와 메시지를 지속적으로 반복하며 정체성을 구축했습니다.

- **ChatGPT의 언어 모델 구조 이해**

　ChatGPT는 Transformer 아키텍처 기반의 대규모 언어 모델로, 프롬프트의 구조와 맥락에 따라 출력 품질이 크게 달라집니다. 개인 브랜딩에 활용할 때는 다음 기술적 원리를 이해해야 합니다.

1. **토큰 제한과 메모리 관리**: GPT-4o는 약 128K 토큰의 콘텍스트 윈도우를 가집니다. 한국어의 경우 평균 1토큰당 0.7~1.2글자이므로, 약 90,000~180,000자 분량의 대화를 기억할 수 있습니다.
2. **프롬프트 엔지니어링의 핵심 원칙:**
- 구체성(Specificity): 모호한 요청보다 구체적인 지시사항
- 맥락 제공(Context Setting): 역할과 목적을 명확히 정의
- 단계적 접근(Step-by-step): 복잡한 작업을 세분화
- 예시 활용(Few-shot Learning): 원하는 출력 형태의 예시 제공
3. **Temperature와 Top-p 설정 이해:**
- Temperature 0.7~0.9: 창의적 브랜딩 콘텐츠에 적합
- Temperature 0.3~0.5: 정확한 정보 정리에 적합

- **준비물과 기술 요구사항**

　필수 도구:

- ChatGPT Plus 계정(GPT-4o 액세스용)
- Notion 개인 계정(무료 버전도 충분)
- 텍스트 에디터(메모장, VS Code 등)

선택적 도구:

- Zapier/Make.com(자동화 워크플로우용)
- Google Drive(파일 백업용)
- 마인드맵 도구(XMind, Milanote 등)

기존 콘텐츠 자료:

- 소셜미디어 게시물(최근 3개월분)
- 블로그 글이나 칼럼
- 자기소개서나 이력서
- 강연 자료나 발표 스크립트
- 이메일 서명이나 약력

STEP 1. ChatGPT로 '나'를 수집한다

아래와 같이 ChatGPT에 입력합니다.

"나는 퍼스널 브랜딩을 위해 내 정체성을 정의하고 싶어. 다음 항목에 따라 정리해 줘:

1. 내가 중요하게 여기는 가치
2. 나의 말투와 커뮤니케이션 특징
3. 자주 다루는 관심사/전문 주제
4. 사람들이 나에게 기대하는 역할
5. 좋아하는 콘텐츠 스타일
6. 내가 존경하는 인물과 그 이유
7. 조심해야 할 약점이나 리스크
8. 내가 가진 독창적 관점 또는 인사이트"

이 대화는 브랜드 핵심 철학과 콘텐츠 톤앤매너의 기준점이 됩니다.

STEP 2. Notion에 정리하고 시각화한다

ChatGPT의 응답을 다음과 같은 표로 정리합니다. 이 표는 이후 영상, 글쓰기, 강연, 브랜드 상품기획까지 일관된 정체성을 유지하는 나침반이 됩니다.

분류	내용
핵심 가치	진정성, 배움, 연결
언어 스타일	신뢰감 있는 조언자형 말투
콘텐츠 키워드	AI, 브랜딩, 창의성
존경 인물	사이먼 사이넥, 이유: why-driven 메시지

STEP 3. ChatGPT에게 '콘텐츠 전략'을 요청하라

"위 정보를 바탕으로 내가 유튜브, 인스타그램, 링크드인에서 사용할 콘텐츠 전략, 톤앤매너, 주제를 제안해 줘."

● **핵심 요약**

정체성은 콘텐츠보다 먼저 설계되어야 합니다. 콘텐츠가 쌓여야 브랜드가 되는 것이 아니라, 정체성이 정렬되어야 콘텐츠가 살아납니다. 디지털 페르소나는 당신이 직접 설정하는 가장 강력한 브랜드 자산입니다.

실습 목표	기대 효과
자기 정체성 언어화	나만의 브랜드 톤앤매너 확보
가치, 관심사 정렬	콘텐츠 일관성 확보
AI 콘텐츠 기반화	지속 가능한 콘텐츠 제작 가능

두 번째, 내 얼굴과 목소리로 말하는 나: 영상 AI 콘텐츠

HeyGen + ElevenLabs로 나만의 디지털 복제 콘텐츠 만들기

● **왜 '말하는 나'를 먼저 만들어야 하는가?**

퍼스널 브랜딩에서 가장 빠르게 신뢰를 얻는 방법은 텍스트가 아니라 얼굴과 목소리입니다. AI 기술은 이제 나의 얼굴과 말투를 복제해 영상 콘텐츠를 자동으로 만들어 냅니다. 이는 단순한 편의가 아닌, 나의 브랜드가 움직이는 존재로 재현되는 것을 의미합니다.

● **영상 기반 퍼스널 브랜딩의 핵심 장점**

요소	효과
내 음성, 내 얼굴	신뢰감, 친숙함, 감정 전달
반복 콘텐츠 생산	나의 메시지를 시리즈화, 자동화 가능
글로벌 확장성	자막 + 다국어 더빙으로 해외 확장 가능
콘텐츠 수익화	강의, 인터뷰, 제품 리뷰 등 수익형 구조로 연결 가능

- **영상 기반 퍼스널 브랜딩의 과학적 근거**
  - 멜라비안의 법칙: 의사소통에서 시각적 요소 55%, 음성 톤 38%, 언어 내용 7%
  - 신뢰도 형성: 얼굴 인식은 0.1초 내에 신뢰성 판단을 완료
  - 기억 유지: 시청각 정보는 텍스트 대비 6배 높은 기억률

- **AI 영상 생성 기술의 이해**

  현재 시장의 AI 영상 도구들은 딥페이크 기술을 기반으로 하지만, 악용 방지를 위한 여러 제한과 윤리적 가이드라인을 적용합니다.

  딥페이크와 AI 아바타의 차이점

구분	딥페이크	AI 아바타(HeyGen)
목적	기만, 조작	콘텐츠 제작, 효율성
동의	무단 사용	본인 동의 필수
품질	높은 사실성	적절한 품질 + 윤리성
제한	없음	플랫폼 정책 제한
용도	정치적 조작 등	교육, 마케팅, 브랜딩

- **헤이젠HeyGen 심화 활용 가이드**

  HeyGen 기술 스펙과 제한사항:
  - 지원 해상도: 최대 1080p(일부 요금제)
  - 영상 길이: 무료 1분, 유료 최대 30분
  - 언어 지원: 100개 이상 언어 지원

- API 제한: 월별 크레딧 시스템
- 품질 설정: Standard/High/Ultra 3단계

● **준비물과 기술 요구사항**

하드웨어 요구사항:

- 카메라: 최소 720p, 권장 1080p 웹캠 또는 스마트폰
- 조명: 자연광 또는 소프트박스 2개(정면 + 보조)
- 마이크: USB 마이크 또는 스마트폰 내장마이크
- 배경: 단색 배경(그린스크린 선택사항)

소프트웨어 도구:

- HeyGen: 웹 기반(Chrome 브라우저 권장)
- ElevenLabs: 웹 기반 + API 지원
- Capcut: 모바일 앱 + 데스크톱 버전
- OBS Studio: 고급 녹화용(선택사항)

● **ElevenLabs 음성 복제 고급 기법**

ElevenLabs 기술적 특징:

- Voice Cloning Model: RVC(Retrieval-based Voice Conversion)
- 필요 샘플: 최소 1분, 권장 3~5분
- 지원 언어: 29개 언어(한국어 포함)
- 감정 조절: Stability와 Clarity 파라미터
- API 처리속도: 실시간의 0.3배(3분 음성 → 1분 처리)

STEP 1. 나의 대본 만들기

아래와 같이 ChatGPT 또는 Notebook LM에 입력하자.

"나의 퍼스널 브랜드를 소개하는 1분 분량의 영상 스크립트를 써줘. 다음 항목을 포함해 줘:

- 내가 누구인지

- 무엇을 믿고, 추구하는지

- 어떤 가치를 전달하고 싶은지

- 구독자/고객에게 어떤 인사이트를 줄 수 있는지"

(예시 스크립트)

"안녕하세요, 저는 창의성과 기술의 접점을 탐구하는 디지털 콘텐츠 전략가입니다. 이 채널에서는 AI와 퍼스널 브랜딩이 만나는 지점에서 여러분의 삶과 커리어에 실질적인 도구와 전략을 제공합니다…"

STEP 2. ElevenLabs로 '나의 목소리' 생성

30초~1분 분량 나의 실제 음성 샘플을 업로드하고, 나만의 보이스 프로필을 생성한다.

대본을 입력하고 AI 음성으로 더빙을 생성한다. 한국어도 가능하며, 감정 조정 기능도 우수하다.

STEP 3. HeyGen으로 '나의 아바타 영상' 제작

내 셀카 사진 또는 직접 녹화한 영상을 업로드 하고, ElevenLabs

를 연동하여 오디오 파일을 삽입한다. AI가 입모양과 표정까지 자동 매칭하여 영상을 완성해 준다. 슬라이드 삽입, 배경 설정, 자막 자동 추가 등도 가능하다.

STEP 4. Capcut에서 마무리 편집

자막 자동 삽입, 인트로/아웃트로 추가, 음악 삽입 등으로 완성도가 상승한다. 소셜미디어(인스타 릴스, 유튜브 쇼츠)용 1분 영상으로 최적화할 수 있다.

● **핵심 요약**

브랜드는 '보여지는 방식'에서 신뢰를 얻습니다. 영상 콘텐츠는 브랜드를 말로 표현하는 동시에 시각적으로 증명하는 수단입니다. 이제는 당신이 직접 등장하지 않아도, 당신은 콘텐츠 안에서 '살아 움직이게' 됩니다.

단계	도구	결과
스크립트 생성	ChatGPT, Notebook LM	브랜딩 메시지 정리
음성 생성	ElevenLabs	신뢰감 있는 내 목소리
얼굴/영상 생성	HeyGen	친숙한 디지털 아바타 콘텐츠
최종 편집	Capcut	플랫폼 업로드용 완성 영상

세 번째, 콘텐츠 비서를 만들다
Notebook LM을 활용한 AI 콘텐츠 큐레이션

● **왜 AI 콘텐츠 비서가 필요한가?**

창작의 어려움은 늘 '다음 아이디어가 무엇인가?'라는 질문에서 시작됩니다. 하지만 당신이 이미 써 놓은 블로그, 강연 원고, SNS 글에는 수많은 아이디어의 씨앗이 숨겨져 있습니다. Google의 Notebook LM은 이러한 개인 콘텐츠를 학습하여 요약하고, 질문을 만들고, 콘텐츠 형태로 재구성해주는 개인 맞춤형 AI 비서입니다.

● **NotebooK LM의 주요 기능**
- 내가 업로드한 자료만 학습해 콘텐츠 정체성을 일관되게 유지
- 요약, Q&A, 콘텐츠 형식 제안 등 포맷 전환 능력 우수
- 글쓰기 뿐 아니라 주제 기획, 강연 스크립트, 카드뉴스, 뉴스레터 제작까지 가능

항목	설명
정식명칭	Notebook LM(Language Model) by Google
기능요약	문서 기반 콘텐츠 요약, 질문 생성, 주제 정리, 콘텐츠 제안
활용목적	블로그, 강의, 영상, 뉴스레터 등 나의 콘텐츠 뿌리를 정리
차별점	'내가 넣은 문서만' 학습해, 일관된 브랜딩과 메시지 유지 가능

● Notebook LM의 기술적 차별점

- RAG(Retrieval-Augmented Generation): 개인 문서만을 지식 베이스로 활용
- Grounding: 할루시네이션 방지를 위한 정확한 출처 표기
- Privacy-First: 업로드된 문서는 다른 사용자와 공유되지 않음
- Multimodal: 텍스트, PDF, 웹사이트, 오디오 파일 통합 처리

● 준비물과 고급 설정

필수 준비물:

- Google 계정(Workspace 계정 권장)
- 기존 콘텐츠 자료(다양한 포맷)
- 브라우저(Chrome 권장)

콘텐츠 자료 카테고리별 최적화:

- 텍스트 콘텐츠(우선순위: 높음)

    - 블로그 포스트: 마크다운으로 변환 권장

    - 칼럼/기고문: PDF보다 텍스트 형태

    - 소셜미디어: 플랫폼별 내보내기 활용

    - 이메일: 주요 내용만 선별 정리

- 문서 파일(우선순위: 높음)

    - 발표 자료: PPT를 PDF로 변환

    - 기획서/보고서: 워드 문서 그대로

    - 강연 원고: 스크립트 형태로 정리

    - 자기소개서: 이력서와 함께

- **웹 콘텐츠(우선순위: 중간)**
  - 개인 웹사이트: URL 직접 입력
  - 포트폴리오 사이트: 대표 페이지들
  - 온라인 프로필: LinkedIn, About.me 등
  - 인터뷰 기사: 나에 대한 외부 콘텐츠
- **멀티미디어(우선순위: 중간)**
  - 팟캐스트 스크립트: 음성을 텍스트로 변환
  - 영상 자막: SRT 파일 형태
  - 인포그래픽: 내용을 텍스트로 재작성

STEP 1. 나의 콘텐츠 업로드

Google Notebook LM 접속하여 '새 노트북'을 생성하고, 내 블로그 글, 발표 자료, 자기소개서 등을 업로드한다. 단순 텍스트 외에도 URL, PDF, 문서(.docx) 형식도 가능하다.

STEP 2. ChatGPT로 콘텐츠 정리시키기

업로드한 콘텐츠 기반으로 다음과 같이 질문한다.
"이 자료에서 가장 중요한 메시지 3가지를 알려줘."
"내 콘텐츠의 핵심 키워드를 10개 추출해 줘."
"이 콘텐츠를 요약해서 인스타그램용 200자 콘텐츠로 써 줘."
→ 이를 통해 짧은 소셜미디어 콘텐츠부터 긴 블로그 포스트까지 생성이 가능하다.

STEP 3. 콘텐츠 스케줄 아이디어 생성

(질문 예시)

"이 자료를 기반으로 4주간 유튜브 주제 4개 제안해 줘."

"내 브랜드 톤에 맞게 뉴스레터 형식으로 요약해 줘."

"질문 5개 만들어서 Q&A 콘텐츠를 만들고 싶어."

Notebook LM은 단지 요약만 하는 것이 아니라 '어떤 형식으로 퍼뜨릴지까지 제안하는 창의적 조수'다.

● **핵심 요약**

브랜드는 꾸준함에서 신뢰를 얻습니다. Notebook LM은 당신이 가진 기존 콘텐츠의 가치를 '새로운 콘텐츠'로 되살리는 AI 큐레이터입니다. 단지 글을 쓰는 것이 아니라, 글을 분산시키고 이어주는 전략을 만들 수 있습니다.

작업	기대 결과
콘텐츠 업로드	내 지식자산 구조화
요약 및 질문 생성	콘텐츠 재활용, 다각화
주제/캠페인 기획	유튜브, 뉴스레터, 소셜미디어까지 자동 연결
브랜딩 정렬	나만의 언어와 톤을 유지한 자동 콘텐츠 시스템 구축

네 번째, 검색되는 나를 만들다
NeuronWriter+ ChatGPT로 SEO 최적화

- **검색되지 않으면, 존재하지 않는다**

좋은 콘텐츠만으로는 부족합니다. 나를 찾는 사람에게 도달하지 못하면 브랜드는 닿지 않습니다. 검색 기반 노출은 퍼스널 브랜딩의 지속성과 발견 가능성을 좌우합니다.

- **SEO의 패러다임 변화**
  - 전통적 SEO: 키워드 밀도, 백링크 수량 중심
  - 현대적 SEO: 사용자 의도, 콘텐츠 품질, E-A-T(전문성-권위성-신뢰성) 중심
  - AI 시대 SEO: 자연어 검색, 음성 검색, 개인화된 결과에 최적화

- **핵심 요약 및 ROI 측정**

당신이 누구인지 말하는 것보다, 사람들이 검색했을 때 '당신이 먼저 발견되는 구조'를 만드는 것이 더 중요합니다. SEO는 기술이 아니라 브랜드를 '찾게 만드는 설계'입니다.

● 완료 후 확보되는 디지털 자산

개념	설명
검색엔진 최적화 (SEO)	구글이나 네이버 같은 검색 엔진에서 내 콘텐츠가 '잘 노출'되도록 만드는 전략
목적	'관련 검색어' 입력 시, 내 블로그, 영상, 사이트가 상위에 뜨게 하는 것
핵심 요소	키워드, 제목, 본문 구조, 링크 연결, 이미지 alt-text 등

● 준비물과 도구 스택

키워드 리서치:

- NEURONwriter(유료, 월 Euro 23)
- Ahrefs Keywords Explorer(유료, 월 $99~)
- Google Keyword Planner(무료)
- AnswerThePublic(무료/유료)

콘텐츠 최적화:

- Surfer SEO(유료, 월 $69~$89, 연간 결제 시 할인)
- Clearscope(유료, Essentials 플랜 월 $189부터, 비즈니스 플랜 $399~)
- Yoast SEO(워드프레스 플러그인)
- RankMath(워드프레스 플러그인)

기술적 SEO:

- Google Search Console(무료)
- Google Analytics 4(무료)
- PageSpeed Insights(무료)

- Screaming Frog(무료/유료)

  경쟁 분석:

- SEMrush(유료, 월 $119~)
- SpyFu(유료, 월 $39~)
- Similar Web(무료/유료)

STEP 1. 타깃 키워드 뽑기

ChatGPT에 다음과 같이 입력한다.

"퍼스널 브랜딩, AI 콘텐츠 전략, 디지털 자산화에 관련된 검색 키워드 10개를 뽑아줘."

"위 키워드를 검색하는 사람들이 주로 궁금해할 질문 5가지를 정리해 줘."

(결과 예시)

키워드: 퍼스널 브랜딩 전략, AI 브랜딩 도구, 콘텐츠 자동화, 디지털 자산화

질문: "AI로 내 콘텐츠를 자동화할 수 있을까?", "검색 잘 되는 글을 어떻게 써야 할까?"

ADPlorer를 쓰면 사람들이 자주 검색하는 트렌드 키워드를 살펴보고, 그 속에서 롱테일 인사이트를 찾거나, 나의 위치와 포지셔닝을 구상할 수 있다.

STEP 2. 내 콘텐츠를 SEO 기준으로 리라이팅

NeuronWriter나 Surfer SEO에 내 글을 붙여넣으면 다음과 같은 피드백이 나온다.

항목	진단 예시
키워드 포함률	주요 키워드가 본문에 너무 적음
제목 구조	Too vague - 독자의 검색 의도 반영 부족
링크 구조	내부 링크 없음 - 신뢰도 낮음
본문 길이	300단어 이하 - 검색엔진 평가 낮음

위의 피드백을 기반으로 ChatGPT에게 다음과 같이 요청한다.
"이 블로그 글을 SEO 기준에 맞게 리라이팅(Rewriting)해 줘. 타깃 키워드는 'AI 퍼스널 브랜딩', '콘텐츠 최적화'야."

STEP 3. 콘텐츠 퍼블리싱 및 확산

최종 글을 블로그/브런치/링크드인에 업로드한다.

Yoast SEO(워드프레스), 티스토리 플러그인 등으로 SEO 태그를 추가한다.

소셜미디어 공유 시, 메타데이터와 해시태그 최적화가 가능하게 한다.

● **핵심 요약**

검색에 잘 노출되지 않으면 아무리 좋은 콘텐츠도 브랜드로서 존재할 수 없습니다. AI 기반 도구로 키워드 분석, SEO, 메타데이터 최적화 등 검색 기반 설계를 체계적으로 실행해야 지속적 퍼스널 브랜딩과 성장 가능성이 높아집니다. 즉, 자신이 누구인지 설명하는 것보다 검색에서 먼저 발견되는 구조를 만드는 것이 가장 핵심 전략입니다.

전략	결과
AI로 키워드 도출	고객이 검색하는 질문에 대응하는 콘텐츠 기획 가능
SEO 기반 리라이팅	구글 상위 노출 가능성 증가
콘텐츠 메타 최적화	소셜미디어 공유 및 유입 효율 증대

다섯 번째, 나를 대변하는 AI 만들기
GPTs로 구현하는 디지털 복제 인격

● **퍼스널 AI 에이전트란 무엇인가?**

우리는 더 이상 블로그나 SNS 콘텐츠만으로 자신을 설명하지 않습니다. AI는 우리의 말투, 사고방식, 콘텐츠 패턴을 학습해 '나와 닮은 존재'를 만들어 냅니다. 퍼스널 AI 에이전트는 단순한 챗봇이 아니라, 나의 철학과 언어를 담아내는 디지털 인격체입니다.

● **어떤 일을 대신할 수 있는가?**

- 콘텐츠 추천, 블로그 작성, 고객 Q&A 응답, 제품 설명 등 반복 업무

- 교육, 상담, 코칭 등의 '관계 기반 소통' 역할도 가능
- 사용자 요청에 따라 나의 관점과 어조를 반영한 맞춤형 대응

● 준비물과 기술 요구사항

필수 요구사항:

- ChatGPT Plus 구독(월 $20)
- 개인 콘텐츠 자료(텍스트 기반 권장)
- 브랜드 정체성 정의서(1단계 결과물)

권장 준비 자료:

- **텍스트 자료**(우선순위: 최고)
    - 블로그 포스트 모음(최소 20개)
    - 강연/프레젠테이션 스크립트
    - 인터뷰 질문-답변 모음
    - 개인 철학/가치관 정리 문서
    - 전문 분야 견해 모음
- **구조화된 데이터**
    - FAQ 리스트(최소 50개 질문-답변)
    - 용어집/전문어 해설
    - 프로젝트 사례 정리
    - 고객 추천사와 피드백
- **메타데이터**
    - 톤앤매너 가이드라인

- 금지 표현/주제 리스트

- 브랜드 키워드 리스트

- 타겟 오디언스 정의

● **고급 페르소나 구축을 위한 다층 구조**

Level 1: 기본 정체성(Core Identity)

- 이름과 역할 정의

- 핵심 전문 분야

- 기본적인 성격 특성

- 말투와 어조

Level 2: 전문성 모델링(Expertise Modeling)

- 지식 체계와 프레임워크

- 문제 해결 접근법

- 업계 관점과 철학

- 경험 기반 인사이트

Level 3: 상호작용 패턴(Interaction Patterns)

- 질문 유형별 응답 스타일

- 감정적 반응 패턴

- 도전적 질문에 대한 대응

- 개인적 경험 공유 방식

Level 4: 윤리적 경계(Ethical Boundaries)

- 답변 가능/불가능 영역

- 개인정보 보호 원칙

- 전문적 책임 범위

- 추천과 조언의 한계

STEP 1. 나만의 Custom GPT 만들기

ChatGPT Plus 사용자일 경우 Explore GPTs → Create GPT를 클릭한다. Assistant Name을 입력하고 "디지털 콘텐츠 브랜딩, 생성형 AI 활용, 전략적 사고를 돕는 조력자" 등의 식으로 설명을 입력한다. 이어서 나의 콘텐츠 자료를 PDF 또는 텍스트를 업로드한다. 그러면 AI는 이 데이터를 학습하여 나처럼 말하고 나의 관점으로 대답하게 된다.

STEP 2. 대화 테스트로 브랜드 톤 확인

(예시 질문)

"요즘 AI 브랜딩 트렌드는 뭐고, 나에게 어울리는 건 뭐야?"

AI 응답이 나의 언어/관점/톤과 맞는지 확인한다. 필요 시 프롬프트를 조정한다. 가령, "항상 존중하는 말투로, 전략적인 방향을 제안하듯 말해 줘"와 같은 식이다. 이 과정은 AI가 '나처럼 사고하고 말하는' 일종의 복제 훈련이다.

STEP 3. 적용 사례 만들기

유형	사용 예
교육	나의 강의 콘텐츠를 질문-응답형 학습봇으로 변환
상담	FAQ 중심으로 구성된 나만의 코치봇 제작
마케팅	브랜드 소개, 제품 설명, 소셜미디어 전략을 도와주는 에이전트
작문	나의 스타일로 블로그, 이메일, 영상 대본 자동화

● 핵심 요약

당신이 직접 대화하지 않아도, 당신의 가치와 메시지를 전달할 수 있는 존재. 그것이 퍼스널 AI 에이전트입니다. 이제 '당신처럼 말하는 존재'를 설계해 보세요. 그것은 기술이 아니라, 브랜드의 생명력을 확장하는 방식입니다.

단계	도구	결과
정체성 정의	1장 기반	나만의 언어, 관점 확보
AI 에이전트 생성	ChatGPT의 Custom GPT	브랜드화된 AI 조수 완성
콘텐츠 응용	블로그, 상담, 강의 등	'내가 없어도 움직이는 나' 실현

여섯 번째, 나를 자산화하고 확장하라
퍼스널 IP와 글로벌 브랜딩 전략

● **콘텐츠, 이제는 자산이 된다**

퍼스널 브랜딩이 '보여지는 나'를 설계하는 일이라면, 퍼스널 IP는 '쌓이는 나'를 설계하는 전략입니다. 콘텐츠, 목소리, 말투, 철학, 캐릭터는 모두 디지털 자산이 될 수 있습니다. 이제는 이 자산을 구조화하고, 확장하는 것이 핵심 과제입니다.

● **콘텐츠가 자산이 되는 조건**

단순히 많은 콘텐츠를 만드는 것이 아니라, 자산 가치를 가진 콘텐츠의 특징을 이해해야 합니다. 자산형 콘텐츠는 시간이 지날수록 가치가 증가하거나 최소한 유지되는 특성을 가집니다. 예를 들어 트렌드를 다룬 블로그 포스트는 시간이 지나면 가치가 떨어지지만, 기본 원리나 방법론을 다룬 콘텐츠는 오랫동안 참조되고 활용됩니다.

● **자산화 가능한 콘텐츠의 특징**
- 시간 독립성: 언제 봐도 유용한 evergreen 콘텐츠
- 재사용성: 다양한 형태로 변환 가능한 모듈형 구조
- 확장성: 시리즈나 코스로 발전시킬 수 있는 주제
- 독창성: 나만의 관점이나 경험이 담긴 차별화된 내용

- 실용성: 바로 적용할 수 있는 실체적인 정보

● 퍼스널 IP 자산화 전략: 콘텐츠 → 캐릭터 → 수익화

단계	설명
콘텐츠 기반화	블로그, 영상, 칼럼, 강연 자료 등 내 언어 아카이빙
캐릭터 정의	일관된 톤, 철학, 관점, 시각적 정체성 구축
기술 적용	AI 복제, 에이전트, 영상툴, 보이스툴 활용
플랫폼 확산	유튜브, 브런치, 링크드인, 뉴스레터 등 다채널 확장
수익화 구조화	강의, 멤버십, 템플릿 판매, 협업, 제휴, IP 라이선스 등

● 콘텐츠 분류 및 태깅 시스템

수집한 콘텐츠를 체계적으로 분류하는 것이 자산화의 첫 단계입니다. 단순히 날짜순으로 정리하는 것이 아니라, 주제, 형식, 품질, 활용도 등 다각도로 분석해야 합니다.

분류 기준:

- **주제별 분류**
  - 핵심 전문분야(예: AI, 마케팅, 리더십)
  - 부차적 관심분야(예: 자기계발, 트렌드)
  - 개인적 경험담(예: 실패담, 성공사례)
- **형식별 분류**
  - 교육형(How-to, 가이드, 튜토리얼)

- 인사이트형(의견, 분석, 전망)

- 스토리형(경험담, 사례, 인터뷰)

- 데이터형(연구, 통계, 보고서)

- **품질별 분류**
  - S급: 대표작, 바이럴 콘텐츠, 높은 참여도
  - A급: 전문성이 돋보이는 고품질 콘텐츠
  - B급: 평균적 품질, 기본적 가치 제공
  - C급: 개선이 필요하거나 재활용 어려운 콘텐츠

- **자산화 가능성**
  - 즉시 활용 가능: 수정 없이 바로 활용
  - 업데이트 필요: 일부 수정으로 재활용 가능
  - 재작업 필요: 구조적 변경이 필요
  - 참고용: 아이디어나 소재로만 활용

● **실습: '자산으로 전환 가능한 콘텐츠' 정리하기**

ChatGPT에 다음과 같이 요청한다.

"내가 썼던 블로그/영상/강의 내용 중 자산화 가능한 콘텐츠를 분류해 줘. 어떤 주제는 강의로, 어떤 주제는 e북, 어떤 주제는 AI 챗봇으로 확장할 수 있을까?"

이후 나온 결과를 Notion 또는 스프레드시트로 정리하면 다음과 같은 자산지도$^{IP\ Map}$가 생긴다.

콘텐츠	자산 형태	수익 가능성
블로그: AI 브랜딩 전략	e북 / 뉴스레터 시리즈	구독, 유료 PDF
강의: GPT 실습법	온라인 강의	클래스 플랫폼 등록
AI 챗봇 스크립트	GPTs	B2B 브랜드 제휴

● **글로벌 확장을 위한 AI 도구 추천**

목적	도구	설명
다국어 더빙	ElevenLabs Multilingual	나의 목소리로 영어/일어/중국어 콘텐츠 제작 가능
영상 현지화	HeyGen 인터내셔널 버전	한국어 영상 → 글로벌 언어로 자동 더빙 + 자막 생성
글로벌 콘텐츠 배포	Medium, Substack, 유튜브, 링크드인	국가/문화별 채널 운영 병렬화 가능
자동 번역 시스템	DeepL, Google Translate API + GPT Plugin	문서 자동 번역 + 맥락 교정까지 가능

● **핵심 요약**

콘텐츠는 사라지지만, 자산은 남습니다. 퍼스널 IP는 당신의 콘텐츠를 단발성 노출이 아닌, 지속 가능한 구조로 확장하는 전략입니다. 이제는 브랜딩을 넘어 자산으로 진화해야 합니다.

오리지널리티

초판 1쇄 발행 2025년 9월 9일

지은이 손동진, 남정현

책임편집 권정현
표지 디자인 스튜디오 사지
내지 디자인 박은진
마케팅 임동건 **마케팅지원** 신현아 **경영지원** 이지원

펴낸곳 파지트 **펴낸이** 최익성
출판총괄 최익성
출판등록 제2021-000049호

주소 경기도 화성시 동탄원천로 354-28 **전화** 070-7672-1001
이메일 pazit.book@gmail.com **인스타** @pazit.book

ⓒ 손동진, 남정현 2025
ISBN 979-11-7152-105-0 (03320)

- 이 책 내용의 일부 또는 전부를 재사용하려면 반드시
  저작권자와 파지트 양측의 동의를 받아야 합니다.
- 책값은 뒤표지에 있습니다.

THE STORY FILLS YOU
책으로 펴내고 싶은 이야기가 있다면, 원고를 메일로 보내주세요.
파지트는 당신의 이야기를 기다리고 있습니다.